本物の風水の話をしよう。

伝統風水師
小林蔵道

扶桑社

はじめに

「本物の風水の話をしよう」

そう言われて、「本物ってどういうことだろう？」と、不思議に思われた人がいるかもしれません。しかし、残念なことに風水には大きく分けて「本物」と「そうではないもの」が存在するのです。


「風水」と聞いて、皆さんはどんなイメージをお持ちでしょうか？

――金色の財布を持つと金運がアップするらしい。

――玄関に鏡を置くと恋愛運が上がるらしい。

このような「簡単にできるおまじない」のようなものをイメージする人が多いかもしれません。しかし、これらは本物の風水とは異なるものです。

私のもとを訪れる相談者の中にも、このようなイメージを持たれている方が大勢います。そんな方に出会うと、私は「とてももったいないな」と残念な気持ちになるのです。

風水は「おまじない」でもなければ、「魔法」でもありません。

それだけをしていれば、願い事が叶ったり、厄払いができるというようなことはないのです。

このような「風水的なもの」を妄信して、それを実践している人は、自分が風水を利用しているようでいて、実は自分が風水に利用され、風水に合わせるように動かされてしまっているのです。自分の人生を大切に思うのならば、それはとても愚かなことです。

そうは言っても人間は弱い生き物ですから、何かに頼りたくなり、簡単に実践できるものを盲目的に信じてしまう気持ちはわかります。

しかし、本来、風水とは知識であり、技術なのです。つまり、「人が使う」ために作り上げられたものなのです。

山や川などの地形を読み解き、安全で安心できる吉地《きちち》（風水の整っている土地）を探す技術が応用され、国の警備などに発展。それが、現在の陽宅（住居）風水への歴史につながるのです。

風水は長い歴史があり、多くの人に研究され続けてきた素晴らしいものです。

だから私は、多くの人に本物の風水を知ってもらい、風水をうまく使えるようになってほしいと思っています。

申し遅れました。私は京都で伝統風水師として活動する小林蔵道と申します。

日本全国のお客様からご相談を受けています。

たとえば、「今度家を建てるのですが、どんな建て方をすれば良いですか」「仕事がもっとうまくいくようにアドバイスをお願いします」など、風水の力を前向きに活かしたいという方々からのご相談です。

今はこんな活動をしている私自身も、もともとは風水を信じていませんでした。むしろ風水は怪しいものだ、とさえ思っていました。その土地の地形や家の形が、そこに住む人の吉凶や運勢を左右するなんてあり得ない。そう思っていたのです。

ところが、私はあることをきっかけに風水に興味を持つようになりました。風水には三千年以上の歴史があることを知る機会があったからです。

「本当に怪しいものだったら、人から人へ三千年も受け継がれてくるものだろうか?」

そう思った私は、そこから風水の勉強を真剣にはじめました。

そしてわかったのが、世の中には「まがいものの風水師」が多いということ。一方で、「本当に信頼できる、技術としての風水」というものがきちんと存在するということでした。

それが今、私が多くの人に伝えている「伝統風水」です。


伝統風水は、人間が本来の能力を一〇〇パーセント発揮できる環境を作り出すことを目的としています。頑張って日々を生きている人が、その人生に少しだけ伝統風水を取り入れることで、その人生がもっと良くなっていくのです。

たとえるなら、美しくなりたい人が美容法を取り入れるように、健康になりたい人が健康法を取り入れるように、人生をより良くしたいという人に風水を上手に利用してほしいのです。


私はこの本で、本物の風水の知識や付き合い方を紹介していきます。世の中にある楽で簡単な、聞き心地の良い開運法を紹介するのではなく、伝統風水の真髄をお伝えしますから、私の話すことが他の風水師の方が話すことと違うと思われることもあるかもしれません。

それでもぜひ、私の言葉に耳を傾けてください。

この本が、多くの人にとって本物の風水を知り、自分の人生を少しでも良いものに変えていくきっかけになれば、これほど嬉しいことはありません。どうか、皆さんが本物の風水の使い手になれますよう心より祈っています。

二〇二三年十一月

伝統風水師

小林 蔵道

本物の風水の話をしよう。　目次

本物の風水の話をしよう。

小林蔵道

第一章

伝統風水との出会い

風水師以前の人生

今、この本を手に取ってくれている人の多くは私のことを知らないであろうと思います。

もし、伝統風水師・小林蔵道を知っていたとしても、私がどのような人間かは知らない人がほとんどでしょう。

風水師以前に、私は一人の人間です。

私がどのような人間かを知らなければ、これから私が話す伝統風水や五術についても、どこまで信じて良いのかわからないのではないかと思います。

そこで、風水師以前、一人の人間としての私を知ってもらうために、少しだけ、私の話をさせていただこうと思います。

不登校と中退、そして剣道

私は、ごく一般的なサラリーマン家庭に生まれました。男ばかり四人兄弟の長男です。大阪府堺市で生まれ、高槻市で育ちました。

中学校の途中までは、それこそごく普通の男の子で、外で元気に遊び回り、勉強もそこそこできる、どこにでもいるような子供だったと思います。

ところが、中学二年のある時を境に、私は学校へ行くことができなくなりました。自律神経失調症。それが、私が学校へ行けなくなった表向きの理由でした。成長期に自律神経系のバランスが乱れることであらわれる心身の不調。思春期の子供たちに多く見られる体調不良を原因として私は学校を休んでいたのです。

しかし、私が学校を休むようになった本当の理由は担任教師と合わなかったことです。この教師は自分の言ったことに責任を持たないような人で、信用のできない大人でした。

私はこの教師をどうしても尊敬することができず、しばしばぶつかっていたのです。私のそんな態度が気に入らなかったのでしょう。林間学校の直前、その教師は私に「お前は林間学校へは連れて行かない」と言ったのです。

まったく納得できませんでしたが、この教師に頭を下げてまで林間学校に行きたいと思わなかった私は「だったら行かない」と答えて家に帰りました。

ところが数日後、その教師は私を職員室に呼び出し、今度は「林間学校、一緒に行こうよ」と猫撫で声で言ってきたのです。最初に「連れて行かない」と言った時、私が「行かない」と言うとは思わなかったのか、それとも「連れて行かない」と言ったことが問題になったのか、その間に何があったのかはわかりません。しかし、中学二年生の子供に「林間学校に行かせない」というのは非常に重い言葉であるはずです。それをまるでなかったことのように態度を変える大人に私は嫌悪感を抱いてしまったのです。

そんなことがあったせいで、私はその時から、朝、学校に行こうとすると体調を崩すようになってしまったのです。担任教師への拒絶反応だったのでしょう。登校時間が近づくと、私は母親に頭痛や腹痛を訴えました。両親ははじめ、そんな私をなんとか学校へ行かせようとなだめすかしたり、市の教育機関に相談したりと、色々なことを試したようですが、しばらくすると何も言わなくなりました。

それから私は学校へはほとんど行かず、日中はずっと家にいる生活を送っていました。そんな私を支えたのは、幼少期にはじめた剣道でした。不登校になってからは何に対しても無気力になっていましたが、なぜか剣道にだけは興味を持つことができ、ずっと続けていたのです。町の道場に通うだけでは物足りず、朝、学校には行けないくせに、夕方、授業が終わる頃に学校へ向かい剣道部の練習に参加するほどでした。

なんとか進学できた高校でも、剣道を続けました。ところが、高校一年の時、私は剣道部の顧問とぶつかってしまったのです。顧問が試合の際のメンバーを実力ではなく、三年生を主体にして決めたことに納得が行かなかったのです。

——試合をするからには勝たなくてはいけない。

そう思っていた私は試合に出るメンバーは実力で決めるべきだと思っていました。実力で行けば、私がメンバーに入るとも思っていました。しかし顧問は、勝ちにこだわるのではなく、三年生の残りの部活動期間や、部活動への貢献度なども考慮してメンバーを決めたと言うのです。

今思えば、顧問の先生の言い分にも理があるように思えますが、当時の私はどうしても顧問の考え方を受け入れることができず、ついに剣道部を辞めてしまったのです。

中学の時と同じで、剣道をするために学校に通っていた私は、剣道部を辞めるのと同時に高校も辞めてしまいました。高校二年での中退。私は一七歳で何者でもなくなってしまったのです。

それでも、剣道は続けました。町の道場へ通い、時には自分が籍を置いていない他の道場の練習にも顔を出しました。どの道場でも時々、先生の先生というような人が練習に参加することもあり、おかげで私は多くの先生から剣道を学ぶことができました。

道場に通うことで学ぶことができたのは、剣道だけではありません。多くの先生と出会うことができた私は、いつの間にか自分が師と呼べる先生をしっかり見極める目を養うことができたと思っています。

小学校に上がってすぐ、父親から言われたこんな言葉を覚えています。

「先生だからといってすべてが正しいわけじゃない。自分が正しいと思ったことだけを聞いておけばいい」

その記憶が鮮明に残っていたからでしょうか。私は剣道の練習でも自分が認めた先生の言うことは良く聞き、その先生の防具の片付けなども率先して手伝いました。

「自分が師と仰ぐ人間は、自分の目と耳で見極める」

私のこんな考えは、その後、風水を学ぶ時にも活かされることになるのです。

自分の将来のために何を補っていくか

高校を二年で中退した私は、そこからアルバイト生活を送るようになります。ただ家にいるだけなら、自分が遊ぶお金くらいは自分で稼ごうと思ったのです。

ガソリンスタンド、建築現場、コンサート会場の整理員など、様々なアルバイトを経験しました。

自分で稼いだお金を使って遊び歩いていた私は、多くの大人と知り合うことができました。剣道も続けていましたし、友達とバンドを組んだりもしていましたが、私はそれよりも自分より人生経験の豊富な大人たちの話を聞くのが面白かったのです。

ちょうど二十歳になる頃です。私が通い詰めていたスナックは、なぜだか様々な企業の社長が遊びにくるようなところでした。私はそこで、何人かの社長と仲良くさせてもらいました。

二十歳の誕生日を迎えてすぐ、とても信頼している一人の社長にこんなことを言われました。

「小林くん、これからどうすんねん？　このまま行っても君のご両親と同じような人生を歩めへんのはわかってるか？」

確かにそうだと思いました。

両親も祖父母もちゃんと学校を卒業して就職し、地道に働き続けてきた人たちです。そして、自分はというと、高校を途中で辞め、定職に就くこともなく、好きに遊ぶためのお金をアルバイトで賄ってきただけでした。このまま生きていたら両親や祖父母と同じような暮らしをしていくことはできないはずだと思い至りました。

社長の言葉に現実を突きつけられ、突然、自分の将来が閉ざされてしまった思いがしました。しかし、その社長はこう続けてくれたのです。

「大切なんはな、こっから先、何を補っていくかやぞ」

自分が手に入れられなかったもの、失ってきたもの。それと同じものを手にすることは難しいかもしれません。でも、これからの人生で足りないと思うものがあれば、自分で補えば良いのです。これから先、「何を補っていくか」、それによってここから先の道は変わるというのです。

だからこそ、自分の人生で何を補っていくのかをしっかりと考える必要があると、社長は言うのです。

社長のこの言葉に、目が覚めるような思いがしました。そして、私はそれを機に定職に就くことを決めたのです。

もちろん、最初からうまくいくはずもなく、一つの会社に落ち着くまでには、いくつかの職を転々としました。それでも、社長からあの言葉をもらって数ヶ月後、私は町の不動産屋に就職することができたのです。

――ここから先、何を補っていくか。

この言葉は、いつも私の頭の中にありました。就職を決めてからは、自分の力を補うため、様々な勉強をはじめました。不動産、建築分野の勉強はもちろんのこと、経営や一般常識についても気になる本があれば読み、時間を見つけては各分野で成功した人の講演や講習会に出掛けたり、高いお金を払って自己啓発セミナーに参加したりしました。

そして、二二歳になる直前、私の人生に大きな転機が訪れました。交際していた女性との間に子供を授かったのです。私は彼女との結婚を決めると同時に、自分が勉強してきたことを試すために会社を辞め、不動産建築の会社を起ち上げたのです（その結婚は、お互いまだ若く夫婦のあり方というものもわからなかったこともあり、一〇年以上の別居を経て離婚に至りました）。

風水との出会い

私はもともと占いやおまじないが大嫌いでした。実体のないあやふやなもので人の運命を決めつけようとする行為に疑問を感じていたのです。さらに、そんな根拠のないものに頼ろうとする人たちがいることも不思議でならなかったのです。

ですから、風水のことも嫌いでした。当時は知識もなく、風水を占いやおまじないと同じようなものだと思っていたからです。

ここでは、そんな私がどのように風水と出会い、なぜ深く勉強をしようと思ったのかを話していきたいと思います。

私が二一歳の時に興した不動産建築の会社は、スタートしてすぐに躓《つまず》きました。はじめて請け負った仕事で、取引先が夜逃げをし、三〇〇万円の損失を出してしまったのです。

資金繰りに困り果てた私は、知り合いのパン屋さんに頼み込み、売れ残りのパンの移動販売をさせてもらいました。この仕事でなんとか食いつないでいたものの、その後も本業の方は芳しくなく、薄利多売で、入ったお金がすぐに出ていく自転車操業の状態が続いていました。

そんな時、なんとか業績を上向かせたいと思っていた私は、欲に目が眩み、ふたたび大きな失敗をしてしまうのです。

三三歳の時でした。簡単に見込み客を獲得できるという甘い言葉に乗せられ、数百万円を出して顧客リストを購入しました。しかし、それはまったく役に立たないリストでした。結局、一人のお客様も捕まえることはできませんでした。私は数百万円をドブに捨ててしまったのです。

地道な営業活動をせず、楽をして稼ごうと考えた結果です。

悪いことは続きます。三四歳の時、工事を発注した業者の資金繰りがうまくいっておらず、瀕死の状態であることを知った私は、少しでも発注金額を抑えようと、材料代を先に渡すことを考えつきました。材料代を現金で先に渡す代わり、工賃を叩こうと企んだのです。そうです。自分の欲を満たすため、相手の弱みにつけ込もうとしたのです。結果、その業者は渡した材料代二千万円を持って姿をくらましました。

私が風水に出会ったのは、ちょうどこの頃、三三歳から三四歳にかけてのことでした。

薄利多売の自転車操業にもかかわらず、二度も続けて大きな損失を出した私は、精神的にかなり追い込まれていました。

そんな時です。テレビで風水を取り上げている番組を見て、その番組と出演する風水師にすっかりハマってしまったのです。

「あなたがうまくいっていないのは、風水的に良くないことをしているせいです」

「風水を取り入れれば、きっとうまくいきますよ」

当時の私は、こんな甘い言葉を信じてしまったのです（今の自分からすると考えられない判断でした）。

すぐにテレビで紹介されていたおまじないのような風水を次々と真似しました。家具の配置を換えたり、カーテンの色を変えたり、もちろん（！）財布も買い替えました。

もっと風水のことを知りたくなった私は、テレビに出ていた風水師の本を買って勉強することもしました。しかし、その本を買って、ようやく私の風水熱は冷めることになるのです。

その本には、「どうする」と風水的に良いとたくさん書いてあるのに、「なぜ」そうすることが風水的に良いのかがまったく書かれていなかったのです。

風水ですることにはしっかりとした考えや理由があると思っていた私は「だまされていた」と思うと同時に、自分の弱さに気がつきました。あれほど実体のないものを疑っていたにもかかわらず、それを信じ、すっかり依存しきっていたのですから。

目が覚めた私は「やっぱり風水は実体のないあやふやな占いやおまじないと同じだ」と思ってしまいました。

ただ、一つだけ、その本に書かれていたことで心にひっかかった一節がありました。それは、

「風水には三千年以上の歴史がある」

という一文でした。
本当に怪しいものだったら、人から人へ三千年も受け継がれてくるものだろうか？
そう考えた私は、風水を自分で一から勉強しようと思ったのです。

「本物の風水」を探して

私はそこから、時間を見つけては他の方が書いた風水関連の本を読み漁りました。しかし、その多くが、私が風水に幻滅したあの本と同じように、ちゃんとした根拠を示さず、書いてあってもどうとでも受け取れる曖昧な表現に留めたものばかりでした。

そんな中で出会ったのが、当時、世界五大風水師の一人でもあったリリアン・トゥーの書いた本でした。そこには風水の基本や原則など、私が求める本質的なことがしっかりと書かれており、風水が占いやおまじないとは違う知識であり、「風水術」という技術なのであるということがわかりやすく書かれていたのです。私が知りたかったのはこういうことでした。他にもレイモンド・ローやジョセフ・ユーなど、世界的に名高い風水師が書かれた本には、多少難しくても、風水を知識や技術として明確に解説されているものが多く、大変、学ばせていただきました。

そこから私は、さらに深く風水を学んでいくのですが、どうしてもわからないことや疑問にぶち当たることも多く、独学に限界を感じはじめました。

こんな時は一人で悶々と悩んでいても仕方がありません。行動あるのみです。幸い、多くのセミナーなどに通うことで行動を起こすことの大切さを知っていた私は、風水を学ぶ上でも、すぐに行動を起こしました。

著名な風水師の電話番号を調べ、直接、質問をぶつけたのです。私の質問にしっかりと答えてくれる人もいれば、まったく頓珍漢な回答をする人など、実に様々でした。

多くの風水師と話すうち、私はしっかりと誰かから風水を学びたいと思うようになりました。師匠探しです。

——自分の師と仰ぐ人は、しっかりと自分の目で見極めたい。

そう考えた私は、東京と福岡と岐阜にいる、風水でとても有名な三人の先生に会いに行きました。結局、東京と福岡の先生は、考え方の根本に理屈とは違う、スピリチュアル的なものがあり、私はどうしてもそれを受け入れることができませんでした。

そして最後に、岐阜にいる先生に「風水を教えてください」と連絡をしました。

その先生は教えを請いに訪ねた私にも決して上からではなく、丁寧に話をしてくれ、どんな質問にも真摯に答えてくれたのです。

実践的な考え方もとても信頼できました。三千年前から脈々と受け継がれてきた風水ですが、先生は「古典に書いてあるからといって、それを鵜呑みにしてはいけない」「自分で実践して検証してみることが大切です」と話してくれたのです。

「『古典にはこう書かれているが本当なのだろうか？』そう思うことはまったく構わない。むしろ、そう思った方が良い。書かれていることを自分で試してみれば、正しいか間違っているかわかるのだから、どんどん試せば良い」と言ってくれました。

その考え方が私にはとても気持ちが良く、多くを教わりたいと思うことができたのです。先生は今でも私が信頼する本物の風水師のお一人です。

風水を知るために「風水以外のこと」を学ぶ

当時の私は、風水を知るためには風水だけを学べば良いのだと思っていました。しかし、風水を勉強していくうちに、本当に技術として風水を使うためには、他にも知らなければならない知識がたくさんあることを知ったのです。

たとえば、風水を上手に使うためには四柱推命を知る必要もありますし、擇日《たくじつ》も知っておかなければなりません。ということは、当然、それらを深く学ぶ必要があります。

気がつけば、私の学びの幅はどんどん広がっていくことになったのです。もともと風水や四柱推命などは中国に起源があります。そのため、私は「論語」や「老子」「荘子」などの一般的な中国古典の勉強もするようになりました。

風水は古《いにしえ》の人々が現代に向けて残した様々な古典をもとにした、人が幸せに生きるための「伝統五術」の中の一つ、「相術」の中に書かれています。五術については後述しますが、そう考えれば自ずと、風水を含んだ「五術」も学んでいかなければならないことがわかるでしょう。

こうして私は、風水を上手に使えるようになるために、様々なことを学び、吸収していったのです。

風水師になる決断

風水を学びはじめた当時の私は不動産建築業を営む一方で、その事業の一つとしてパワーストーンのお店の経営もしていました。

風水の勉強を進めるうち、パワーストーンが好きな人たちは風水にも興味があるのではないかと考えた私は、パワーストーンのお店のお客様に風水の提案をしてみました。予想通り、お客様はとても喜んでくれましたが、私はある葛藤を抱えるようになりました。

その頃のお客様には、自分の人生を何でもかんでも風水に頼って良い方向にしてもらおうと考える人たちが多かったからです。

安易に風水に「依存」しようとするのです。風水に頼って自分の人生を良くしようというのは、裏を返せば、自分の人生を真剣に考えていないということです。

私は風水に依存しようとするお客様に出会うたびに、風水は使われるものではなく、使うものなのだということを説明しました。しかし、風水の鑑定もできるパワーストーンのお店があると知って来店するようなお客様にはなかなかそのところを理解してもらうことができず、風水の本来の知識や技術を伝え切れずにいることに自分自身で苛立ちを覚えるようになっていたのです。

それと時を同じくして、不動産建築業で、ある家の工事依頼がありました。

その工事は風水的には絶対にしてはいけないものでした。私は自身が風水の鑑定もできることを告げ、その工事を止めるように提案しました。しかし、依頼者は「いいからやってくれ」と言って聞きません。この方はもともと風水など信じていないかもしれないのですから当然と言えば当然のことでしょう。

結局、私の会社はその工事を請け負いました。しかし、工事完了から三ヶ月、その方は交通事故に遭ってしまわれたのです。

それ以来、私はパワーストーンのお店を閉じ、不動産建築業の仕事も風水を活用できるお客様からの依頼しか受けないように決断したのです。つまり、この時が、私が風水師として生きる決意をした瞬間とも言えます。

――ちゃんと知識に基づいた風水を提案していきたい。

そう思った私は、風水との付き合い方や使い方をお客様にも求めていこうと考えました。

人は弱い生き物ですから、占いやおまじないに頼ってしまう人もいるでしょう。そういう人たちが多いからこそ、今の風水は人の弱いところにつけ込んで広まっていったとも言えるのです。しかし、それは本来の風水の姿ではありません。

風水とは知識であり、技術なのです。

私は風水師として本物の風水を広く世の中に知ってもらい、少しでも多くの人が正しく風水を使えるような手伝いをしていきたいと考え、風水師となったのです。

第二章

五術を知る

「風水」の発祥と語源

風水はいつ頃どのように始まったのでしょうか。その成り立ちははっきりしませんが、今から二千年ほど前までにはおおよその体系ができ上がっていたものと考えられます。

そもそも「風水」という言葉の語源となったのは西暦二七六年〜三二四年まで生きた術家・郭璞《かくはく》が記したとされる『葬書《そうしょ》』の一節であると考えられています（秦代の隠君子が著した『青嚢経《せいのうきょう》』が起源とする説もある）。

経曰　気乗風則散　界水則止
古人聚之使不散　行之使有止　故謂之風水

気は風に乗れば則ち散り、水に界せられれば則ち止る。古人はこれを聚めて散らせしめず、これを行かせて止るを有らしむ。故にこれを風水と謂う。

わかりやすく意訳すると、

「気（＝エネルギー）は、風によって散ってしまい、水によって留めることができる。昔の人はこの原理を使って気を集めたり、散じたりしていた。故にこれを風水と言う」ということになります。

ここに「古人」と記されているように、この時までに風水はある程度確立されていたものだったようです。

風水の始まりは、人の埋葬方法からだったと考えられています。郭璞の『葬書』にも人の埋葬方法が記されています。

古く中国では、子孫繁栄のために亡くなった人を一日も早く自然に還そうという考え方がありました。これは古代エジプトなどで亡くなった人の姿を防腐剤などを用いて未来まで残そうとする考え方とは真逆のものです。

『葬書』では、良い気が集まる場所に死者を埋葬すれば、良い運気とともにまた新たな命が誕生するとされ、良い気の集まる埋葬場所の選定方法が記されているのです。

「風水」の発展

亡くなった人の埋葬場所を選ぶために用いられた風水は、その後どのように発展を遂げていったのでしょうか。

風を嫌い、水を大切にする風水はやがて死者ではなく、生きている人間にも用いられるようになります。人もずっと風に当たっていれば乾燥し、脱水症状を起こすでしょう。水がなければ人は生きていけないのです。

とはいえ最初に風水が用いられたのは人体に対する考え方ではなく、人々がどこに集うか、住まうかという居住区域を決めるためでした。

最初に重視されたのは「地形」です。埋葬場所を決めるのと同じように、風を避け、水を留められる場所を探すのです。周囲を森や山に囲まれ、豊富に水がある場所を探し求め、そこを村としました。山の勢い、川の勢い、地形などを読み解き、安全で安心できる吉地を探す技術が応用され、やがて国の警備などに発展していくのです。

その頃の風水には、まだ暦や時間という概念はありませんでした。山の形や川の流れが変わるというような大きな時間軸は考えられていましたが、季節の変わり目や一日の時間経過などは考えられていなかったのです。

やがて暦や時間が普及して一般的になってくると、風水もまたそれらを取り入れて発展しました。この動きは西暦九〇〇年くらいからあらわれ、やがて方位や陰陽、五行（木・火・土・金・水）などの考え方も加えながら、西暦一五〇〇年くらいには今の形に近い風水が確立したのです。ちなみに、今でも使われている「古法」という古い風水の技術には時間の概念はありません。

そして、ちょうどこの頃になると風水は大きく二つに分類されるようになりました。

「巒頭派《らんとう》」と「理気派《りき》」です。

「巒頭派」と「理気派」。

このような書き方をすると、派閥や相反するものかととらえてしまうかもしれませんが、どちらも伝統風水として大切で、信憑性の高いものです。

巒頭風水のほうは、主に地形や建物の形から受ける影響を考えて発展したもので、理気風水のほうは、時間や方位、空間から受ける影響を考えて発展したものです。

巒頭派も理気派も両方を見るのですが、どちらを先に見るのが正しい鑑定に繋がるのかという考え方の違いが両派の違いなのです。わかりやすく言うと、広い範囲（巒頭）を診てから狭い範囲（理気）を診て行くのが巒頭派で、狭い範囲（理気）から広い範囲（巒頭）を診て行くのが理気派です。

どちらの派が正統ということはありませんが、今、主流なのは巒頭派で、私もこちらの考え方で鑑定しています。

必然的にたどり着いた五術の存在

前章で風水は伝統五術の中の一つ「相術」に含まれていると書きました。風水の学びを深めていくと、必ずこの五術にたどり着きます。

伝統風水では風水を単独で使用することはほとんどありません。逆に言えば、五術を知らずに風水だけで鑑定をするような風水師は偽物と言っても良いでしょう。

では、五術とは何なのでしょうか？

前章では、五術とは古の人々が現代に向けて残した様々な古典をもとにした人間が幸せに生きるための術であると書きました。

その五つとは、「命術」、「相術」、「卜《ぼく》術」、「仙術」、「医術」です。それぞれを簡単に説明しましょう。

「命術」とは、宿命と運の流れ（時間との関係）を読み解く技法であり、主に四柱推命、七政四余《しちせいしよ》、紫微斗数《しびとすう》などがあります。日本では、細木数子さんの六星占術や、高島易断の九星気学などが有名です。

「相術」とは、先天的要素を読み解く命術に対して、後天的要素を読み解く技法であり、主に、風水（家相、地相、擇日、方位術）、観相術（人相、手相）などがあります。

人間は、先天的影響だけではなく、後天的な影響も受けて人生を送るのです。

「卜術」とは、運や宿命、後天的影響を一切無視し、物事の吉凶を知る技術で、主に断易、周易、梅花易数、奇門遁甲《きもんとんこう》、六壬神課《りくじんしんか》などがあります。

「仙術」とは、現代の言葉に言い替えると予防医学となり、食養や気功などがあります。予防医学と言っても、単に健康に良い食事を心がけるというだけで終わらず、自らの行動によって、自分のエネルギーを高めることができるため、Google や Apple などの企業の中でも取り入れられていると言います。

「医術」は、東洋医学をイメージするのがわかりやすいでしょう。人間は、エネルギーのバランスが崩れると病気になるため、その崩れたバランスを鍼灸などによって整える技術です。

この五術を適材適所でしっかりと使い、トータル的にアプローチをしていく風水が本物の伝統風水なのです。

ここから、それぞれの術をもう少し詳しく説明していきましょう。

命術

四柱推命、七政四余、紫微斗数などがある命術ですが、その目的は主に宿命と時間の流れを読み解くことにあります。言い換えると、それを知ることだけが目的なのです。自分の才能や能力がどんなところにあるのかを知り、それをどう活かしていくのかを考えるために必要なのが命術であるというわけです。

ですので、命術を使って自分の運勢を変えるということはできません。

四柱推命などの命術は、自分を知るための術であって開運術ではありません。


宿命は、自ら選ぶことができません。宿命を定めるのは、両親や出生地、性別、生年月日、生まれた時間などの要素だからです。

命術では、人はこの世に誕生した瞬間、母親のお腹の中からオギャアと声を上げた瞬間に吸った空気の影響を受けると考えられています。わかりやすく大まかに言えば、夏生まれの人は夏の気を取り入れ、冬生まれの人は冬の気を取り入れて生まれてくるということです。

そのために、生年月日で性格や運勢が変わってくるのです。

「運」とは、時間の流れが人に与える影響です。時間の流れは誰にとっても平等ですので、

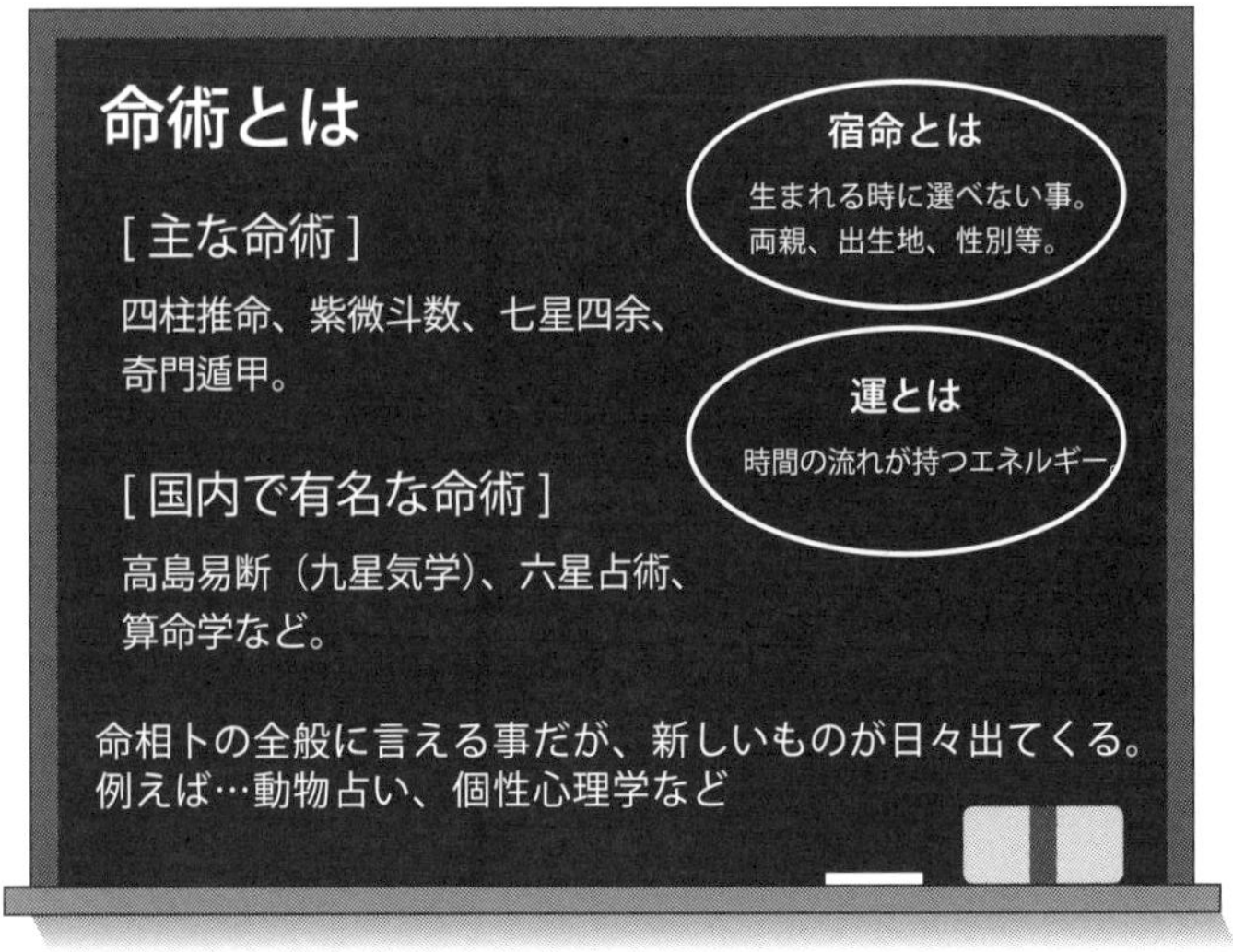
命術とは
[主な命術]
四柱推命、紫微斗数、七星四余、奇門遁甲。
[国内で有名な命術]
高島易断（九星気学）、六星占術、算命学など。
宿命とは
生まれる時に選べない事。両親、出生地、性別等。
運とは
時間の流れが持つエネルギー。
命相卜の全般に言える事だが、新しいものが日々出てくる。
例えば…動物占い、個性心理学など

そこから与えられる影響も誰にとっても等しいものです。

たとえば、卯年は誰にとっても卯年です。

しかし、受け取る側の気が異なるため、卯年の影響が良い方向に出る人もいれば、悪い方向に出る人もいるのです。

四柱推命の目的は、宿命を知って自分と死ぬまでの時間の流れの関係を知ることにあります。しかし、四柱推命を使って自分のことを診たからといって運が良くなるということはありません。

四柱推命にも、できることとできないことがあるのです。

さらに、その人の運命で「どんなことが起こるのか」を知ることはできますが、「どの程度のことが起こるのか」を知ることはできません。

その人が、「この時期にお金に困る運勢だ」ということがわかっても、一万円で困るのか、一〇〇億円で困るのかは、その人がそれまでにどのような人生を送ってきたかによって変わるため、わからないのです。

「この時期に事故に遭いやすい」ということはわかっても、命を落とすほどの事故なのか、かすり傷程度の事故なのかはわかりません。

しかし、鑑定してもらう側がそれを知らないので、四柱推命の鑑定をしてもらえれば、いくらのお金に困り、どんな事故に遭うのかまで見えると思っている人が多いのです。

鑑定士がそこまで答えようとすれば、相談者のライフスタイルを聞き出し、そこから起こりうることを想像するしかありません。そうであるならば、鑑定結果を受けた後に何が起きるかは、誰よりも鑑定を受けた本人がわかるということになるのです。

かつてアメリカで双子の研究が行われました。

双子として産まれながらも、家庭が貧しく、一人が裕福な家庭に養子に出されたという双子八〇組の追跡調査を行ったのです。命術で言えば、同じ時、同じ場所で産まれているのですから、同じような運勢で育っているはずです。

その結果、多くの双子が質は違うものの同じような人生を送っていたことがわかったのです。二人とも同じ時期に病気をしていたり、良く似た時期に結婚をしていたりしたのです。

同じ時期に犯罪を犯していたケースもありました。

貧しい本当の家庭で育った子は、窃盗や暴行、傷害などの事件を起こし、金持ちの家に引き取られた子は、脱税や公職選挙法違反などの事件を起こしていたのです。

これは、別々に育てられた双子が外的要因でどのように変わるのかを研究したものですが、命術の確かさを示したものでもあるのです。

相術

命術が先天的要素を読み解く技法であるのに対し、後天的要素を読み解く技法である相

相術とは

[主な相術]

風水、手相、人相、擇日、方位術など。

[命術との違い]

命術と大きく違う事は、命術が先天性を読み解くのに対し、
相術は後天性を読み解く。

更に、改善する事によって、個人のエネルギーアップを
見込む事が出来る。

術は、生まれてから生活していく環境によって影響を受けて変化しでき上がっていく手相や人相などを診ていくものです。

どんなところに住んでいたのか、どんな時にどんな行動をしたのか、地球という大きな磁石の中でいつどの方向に動いたのかなども後天的要素ですので、風水や擇日、方位術なども相術にあたります。

これらは後天的要素ですので、逆に言えば、これらを自分たちの都合の良いように改善できれば、個人のエネルギーをアップさせることができるのです。

つまり、相術をうまく使えば開運ができるということです。

より良い自分に変化させるために頼るのが相

術なのです。

卜術

端的に言えば、卜術は占いです。筮竹やサイコロ、タロットなどを使うのが卜術です。「当たるも八卦当たらぬも八卦」という言葉も卜術からきたものです。

日本では命術の四柱推命や相術の風水なども占いと考えられていますが、本来、占いとは卜術のことだけを指すのです。

孫子や孟子、荘子は「占いばかりに頼るべきではない」という言葉を残していますが、彼らの言う「占い」は卜術のことであり、そこに命術や相術は含まれていません。

卜術は運や宿命、後天的影響を一切無視し、物事の吉凶を知る技術です。

たとえば、恋愛などでは、相手の情報がしっかり入ってくることはありません。そんな自分が持っている運や風水環境だけでは測れないような状況で、その恋愛がうまくいくの

卜術とは

人間の持つ運や宿命を無視し、物事の吉凶を確認する技術。

［主な卜術］

断易（五行易）、周易、梅花易数、六壬神課、奇門遁甲など。

か行かないのかを診るのが卜術なのです。

これは恋愛に限った話ではありません。選挙や面接など、政治や経済などでも同様のことが言えるのです。

卜術の中でも、断易（五行易）や周易を使う時、私はコインの裏表で診ています。梅花易数、六壬神課、奇門遁甲などを診る時は、その問題が起きた瞬間の暦を調べ、それが、自分たちに吉と出るかどうかを判断するようにしています。

ですから、卜術の結果は一〇〇パーセントではありません。

ここまで五術（風水）は知識であり技術であると話してきたのに、「急に怪しい話になったな」と思った人もいるかもしれません。そう思って当然だと思います。なぜなら、私もそう思った一人でした。絶対にあり得ないと思っていたジャンルです。

しかし、風水を勉強していても、四柱推命を勉強していてもト術がよく使う「易経」にたどり着くため、ト術の勉強をせざるを得ませんでした。

学ばなければ、否定もできません。

ト術では、道具を使った占い方以上に、易経を使ってその結果をどう読み解いていくのかが重要になります。サイコロやコインを数回振って、その出目や裏表のパターンを易経に照らし合わせることによって、単にイエス・ノーという答えだけではなく、様々なことを診ることができます。たとえば、仕事について占うのであれば、どんな成果が出て、どんなことで苦労し、成果が出るまでにどれくらいの時間がかかるのかというようなことまで読み解くことができるのです。

ここまで読み解けるような知識を身につけることが、ト術を学ぶということなのです。

ト術を勉強していた頃、まだ半信半疑だった私は、ある実験を試みました。師匠にあたる先生に言われたとおり、「自分で実践して検証してみる」を実践したのです。

手元にあった三〇万円を使って、ト術の知識だけで株のトレードに挑戦したのです。一年間続けた結果、その三〇万円は一〇〇万円を超えるまでに増えたのです。

今、私は命術や相術の確認をする位置づけで卜術を使っています。二つの学問的な理解があった上で、卜術ではどうなるのかを診るのです。

恋愛の鑑定をした時、命術、相術を診るとその恋愛には「苦労しかない」という結果が出たとします。私はその説明をするのですが、依頼者は「それでもなんとかしたい」と諦めません。

そんな時に卜術を使うのです。概ね、命術や相術と同じような結果が出ます。

また、私の「和風水コンサルティング」では、月末にその人の翌月を卜術によって占うことにしています。本来はそのポイントポイント、点で診ていく卜術なのですが、毎月、繰り返し行うことで、その点が線となり、命術や相術と重なり合ってくるのです。それによって、どのような一ヶ月になるのかがより詳細に読み解くことができます。

今はまだ、単なる偶然だったり、不思議なものとしてとらえられている卜術ですが、近年、多くの研究がされている「量子論」などの研究が進めば科学的に解明される日がくるかもしれません。

仙術・医術

五術の中で心身の健康にアプローチするのが、仙術と医術です。

予防医学やエネルギーを高めるための仙術と、壊れた心身を修復する医術です。

医術に関しては、五術としての知識はあるものの鍼灸師や漢方医などの専門家がいるため私が直接施術することはほとんどありません。

先に、五術を適材適所で使い、トータル的にアプローチするということを記しましたが、なぜ、五術をそれぞれ単独で施術せず、トータル的に診ていく必要があるのでしょうか。

人は宿命（四柱推命）に反した生活をしていると身体が壊れてくるということがあります。自分の性質、性格に合わないことをしていると、それは気持ちだけでなく身体にも大きな負担となるのです。また、病気の中には自分の身を守るために症状としてあらわれているものもあるのです。


私のクライアントに六〇代の主婦Sさんがいます。

仙術とは

現代の言葉に直すと、「予防医学」と言えるかもしれない。
しかし、本当の仙術（仙道）は、予防だけに留まらず、エネルギーアップや充電に長ける。

［主な仙術］
気功、食餌法、瞑想。

Sさんのご主人は亭主関白で、Sさんは「今さら」という惰性で夫婦を続けていると言います。

そんなSさんがある時、難聴になりました。病院に行った結果、人工の鼓膜を入れるという手術を提案されました。

私はその手術を「今ではない」と反対しました。今、その手術をすると心を病んで、鬱になってしまう可能性があったからです。

Sさんの難聴はSさんを守るための症状です。Sさんには家で聞きたくないものがあり、それを聞かなくて良いように難聴になったのです。Sさんが聞きたくないもの、それはご主人からの指示や小言です。

まずはその部分の問題を夫婦で一緒に解決し

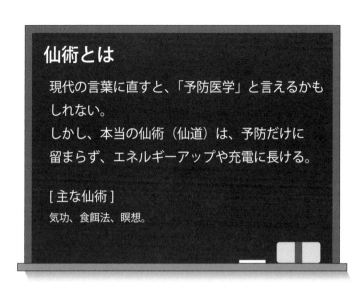

て、それから耳を聞こえるようにした方が良いと私は提案しました。

しかし、Sさんはその手術を先に受けました。

耳は聞こえるようになりましたが、数ヶ月後、Sさんは私が忠告したとおり、鬱病を患ってしまったのです。今、五術を使って、ゆっくりと治療をしているところです。


一方、定期的に私の鑑定を受けているMさんは、三〇代の女性です。

鑑定によってMさんには内臓疾患に注意が必要であることがわかっていたので、私は毎回、がん検診に行くことをすすめていました。

Mさんは私のアドバイスに従い、健康診断や癌検診を欠かさずに受けてくれていました。しかし、ある時、突然、Mさんは医師から末期癌を宣告されたのです。

子宮全摘と人工肛門。それでも助からないかもしれないと言われたそうです。

相談を受けた私は、病院での治療と合わせて、Mさんのための食餌《しょくじ》法と気功と風水を提案し、鍼灸や漢方の先生にも協力を求めて、免疫力を高める療法を施しました。

今はとても元気に毎日を過ごしています。

このように、五術は適材適所でトータル的にアプローチしていくことで、より盤石な効果を期待できるのです。

陰陽五行思想

風水で物事を考える時、基本となる人間のライフサイクルがあります。それが陰陽五行思想の基本となる「六神《りくしん》」です。

風水などの古典の場合、「神」は神様というよりも「自然」という意味合いが強く、この六神も自然の流れをあらわしているものです。

60ページの図では、自分を『比却《ひごう》』の中に入れていますが、本来は、『自分』と『比却』『食傷《しょくしょう》』『財星《ざいせい》』『官殺《かんさつ》』『印星《いんせい》』の六つで六神となります。

自分自身（比却）がいて、自分が行動（食傷）を起こし、結果としてお金（財星）を生み、社会的地位（官殺）ができることで、思考力（印星）が身につき、さらに高い自分（比却）になる。これが六神の生み出し合うサイクルです。これを一周させるごとに人としてのレベルが上がっていくと考えられています。

陰陽五行思想の基本

■六神（りくしん）

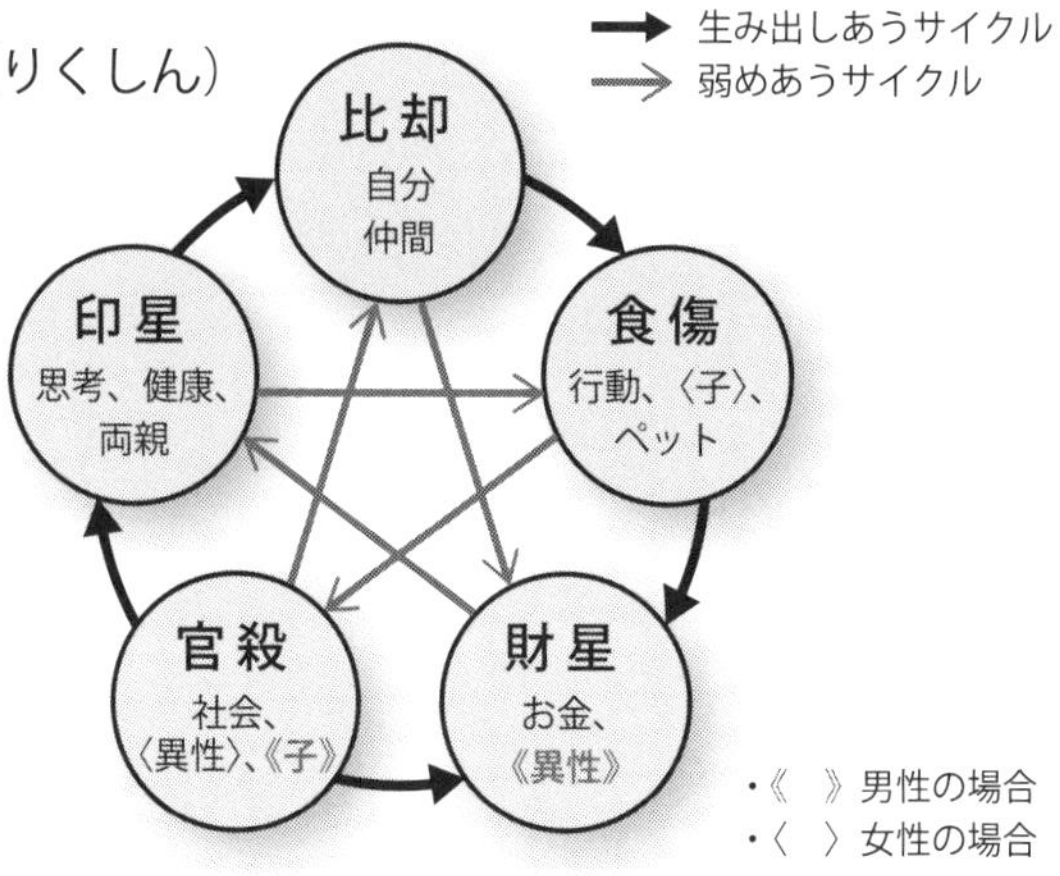

人生はこれで回していくことでうまくいくという考え方で、五術による鑑定などを依頼された時もすべてをこのサイクルに当てはめて考えています。

しかし、六神には生み出し合うサイクルの他に弱め合うサイクルがあり、人はそちらのサイクルに陥りやすいのです。その流れを説明しましょう。

考えすぎる（印星）ことによって、行動力（食傷）が低下します。

行動（食傷）しすぎることによって、社会的地位（官殺）が上がりきりません。これは、中小企業の経営者などに多く、いつまでも自分が現場に出ていることで、現場は回るものの社会貢献などができずに自分の地位は上がらないままというようなことです。

社会的地位（官殺）が上がりすぎると自分（比却）の責任が重くなり、自分自身が苦しくなります。

自分の我（比却）が強くなってくると、結果としてのお金（財星）を生まなくなってきます。

自分のやりたいことを仕事にした時、それを追求しすぎると儲けるのは難しくなってきます。お金が伴わなくても良いなら、我を出しても良いでしょう。逆に、お金を伴わせたいなら、我は出さないようにした方が良いということです。

お金（財星）が無さすぎたり、たくさんあったりすると、思考力（印星）が低下し、間違った判断をしてしまいます。人はお金が無さすぎてもありすぎても、冷静ではいられなくなってしまうのです。独立した時から脱税をしようとする人はいませんが、実際に儲かってくると、倫理観が低下し、現金を出さなければならなくなった時に、脱税を考えてしまうのです。

男性と女性で入る場所が違うものもあります。

それは「異性」と「子」です。

男性は、「財星」の中に異性が入り、女性は、「官殺」の中に異性が入ります。男性は自分の行動の結果として異性を手に入れることができ、女性は社会的な地位、社交性を上げると異性との関係が良好になるのです。

女性の場合、子は自分が生み出すので行動（食傷）となりますが、男性の場合、子は社会（官殺）から認められるものとなります。異性が生み出す存在が子であり、自分に対して責任を与える存在も子なのです。

第三章

風水との向き合い方

風水との正しい向き合い方

何か望みがある時、風水という技術を頼ることは悪いことではありません。しかし、人間の望みの最低限のことは風水を使わなくても叶うものです。それなのに、風水だけを気にして、それに頼り切ってしまうというのは間違いです。

はじめに書きましたが、伝統風水は、人間が本来の能力を一〇〇パーセント発揮できる環境を作り出すことを目的としています。頑張って日々を生きている人が、その人生に少しだけ伝統風水を取り入れることで、その人生がもっともっと良くなっていくというのが、伝統風水の考え方なのです。

仕事が大嫌いで早く仕事を辞めたいと思っている人がいたとします。

ある程度の蓄えがあれば仕事を辞められるからと、投資や宝くじなどに手を出し、風水を使ってお金の入ってくる環境を整えようと考えたとします。はっきり言って、これは風水の間違った考え方・使い方です。

このような人がいた時、「風水との正しい向き合い方」は、まず仕事を好きになることです。仕事を好きになり、その仕事の成果を最大限まで引っ張り上げるのが風水にできることなのです。

仕事をする時間は寝る時間の次に長いものです。中には寝る時間より仕事をする時間の方が長いという人もいるでしょう。ですから、仕事が嫌いな人が幸せになるのは難しいのです。仏教では、人間が生きていく上で避けては通れない八つの苦しみを四苦八苦と表現します。その中の「求不得苦《ぐふとくく》」は、求める物事が手に入らない苦しみであり、「五陰盛苦《ごおんじょうく》」は、自分の心身すら思い通りにならない苦しみのことです。この二つは働くことの苦しみに繋がるものですが、仏教では人間は常にこのような苦しみを抱えているものだと言っているのです。働くとは苦しいことなのです。

仕事が嫌いな理由は色々あるでしょう。上司とうまく付き合えない、仕事の成果が上がらない、そもそも向いている仕事ではないなど……。

では、その理由がなくなった時もその人はその仕事が嫌いなのでしょうか。上司と楽しく付き合え、仕事の成果も上がり、仕事も自分に向いているとしたら、仕事を嫌いにはならないのではないでしょうか。

仕事を辞めるために風水をどう使うのかではなく、伝統風水を使って、まずはそういった仕事を好きになれる環境を作り出すのです。自分自身の気（＝エネルギー）が高まってくると、仕事も好きになってくるものです。その結果として収入が増え、余裕が生まれたのであれば、仕事を辞めるという選択肢が増えるのです。このようになった時、仕事を辞めたいとは思わないかもしれませんが、仕事を辞められるという選択肢があるのとないのとでは、その後の心の持ちようも変わってくるでしょう。

中国の儒学者・胡寅《こいん》が残した「人事を尽くして天命を待つ」という言葉こそが、風水との正しい向き合い方なのです。

風水の使い方が上手な人

風水師として多くの人を鑑定するうち、相談者の中には、風水や風水師の使い方が上手な人もいれば下手な人もいることがわかってきました。

ここでは、風水や風水師の使い方が上手な人の特徴をお話しします。

私から見て、風水の使い方が上手な人には次の5つの特徴があります。

①　開運法を魔法だと思わない人
②　信念がありながらも我が強くない人
③　自分の欲を捨てられる人
④　感情をコントロールできる人
⑤　目新しい開運法に飛びつかない人

この5つを読んで「困ったぞ！　一つもあてはまらない」と思った方もいるかもしれません。大丈夫です。これから一つずつ説明していきますので、それらを心の隅に留めて、これから少しでも意識をして生活するようにすれば、きっと変わっていくはずです。

① 開運法を魔法だと思わない人

これはここまででも何度かお話しさせていただいていますが、風水はおまじないや占いとは違います。ましてや魔法ではありません。

それでも、自分の願い事を叶えるために風水的なことだけをして、あとは待っているだけという人がとても多いのです、実際には。

風水を魔法だと思っていない人は、開運法の一つ一つの裏側にある理由や根拠を理解した上で行動を起こすので、どんな開運法を使っても結果が出やすいのです。

そういった人たちは、私生活を見てみても「原因」と「結果」を意識しているので、うまくいった時はそれを持続させることができ、悪いことが起きた時は同じことを繰り返さないでいられるのです。

風水の開運法を魔法のように考えている人の多くは結果だけを求めています。原因を意識していないので、どれだけその人に合った開運法を伝えても効果が出にくいのです。

そういった人たちは、私生活の中でも原因を放置していて平気なので、どれだけ今の状態に不満があってもただ不平不満を口にして終わりになってしまうのです。

②信念がありながらも我が強くない人

自分の志をしっかりと持っていながらも我が強くない人も、風水の開運法を上手に使うことのできる人だと思います。

我が強い人というのは、我が邪魔して素直な行動に繋がらない欠点があります。他人のアドバイスよりも自分の考えややりたいことを優先するので、新たな考え方や行動を受け入れられないのです。

たとえば、オーガニック系のお店をやりたくて、お店を開いた人がいたとします。信念がありながらも我が強くない人は、売り上げが良くないからといってオーガニック以外のものを売ったりしません。オーガニック系のお店をやりたいという信念、芯の部分を守り続けることができるのです。しかし、我が強くないので、お店の経営の仕方については柔軟に対応できるのです。自分の考えにないことでもハードルなく提案を受け入れ、実践することができるのです。

信念がない人は、オーガニックが売れないからと、まったく関係のないものを売りはじめたり、すぐに店を辞めてしまったりします。また我の強い人はどれだけ売り上げアップのための対策を施しても、これまでのやり方を踏襲しようとします。これでは、お店がうまく回るはずはありません。

同じような話は恋愛相談でもあります。

「私には出会いがない」と悩んでいる女性からの相談を受けることがあります。

多くの場合、まったく出会いがないということはないでしょう。出会っていたとしても、それがその女性にとって「いい出会い」ではないということなのだと思います。

自分の周りに理想の相手がいないのなら、理想を下げるか、自分を上げて、自分の周りを変えるしかありません。

風水で考えれば、「仕事か恋愛か」ということになります。

こういう時、風水では同時に両方を求めることはせず、どちらを先にするのかを考えるのです（60ページの生み出し合うサイクルで考えれば、女性は仕事の結果が出ることでより良い恋愛に繋がるため仕事を先にする方が良いのです）。

自分の理想を下げるのであれば、すぐに恋愛に対する施術をしますが、自分を上げるという判断なら、仕事が頑張れるようになる施術をします。

「理想を下げるか、自分を上げるか」

このように問いかけると、多くの女性が「自分を上げる」「自分を成長させる」と答えます。しかし、そう答えた人の半分以上は本音ではそう思っていません。なぜなら、人は他人の目を気にするからです。

この場合、「理想を下げる」と答えるよりも、「自分を成長させる」と答える方が聞こえが良く、体裁も悪くないのです。人は本音を言うことよりも自分を良く見せることを大切にしてしまうことがあるのです。本心では恋愛がしたくて仕方がないのに、先に仕事を頑張ると答えてしまうのです。

私にはそれがわかっているので、この質問をする時はとても気を遣います。本当に自分を高みに持っていき、周りを変える道を選ぶのかということをしつこいくらいに確認します。

そこまで確認してようやく仕事がうまくいく施術をするのですが、仕事を頑張っている途中で、誰かから異性を紹介されたりすると、すぐに恋愛に走ろうとしてしまう人が少なからずいるのです。

仕事を頑張るという自分で決めたことに信念を持たず、恋愛を優先したいという自分の我を通してしまうのです。

こういう人には、仕事も恋愛もどちらもうまくいかないという残念な結果が待っていることが多いということも、ここでお伝えしておきます。

③ 自分の欲を捨てられる人

ある程度、自分の生活にゆとりを持てた時に自分の欲を捨てられる人も風水の開運法を上手に利用できている人だと思います。

自分の生活にゆとりができるまでは「お金、お金」と自分の利益だけを追い求めてもやっていけますが、それより上を目指そうと思った時には、仕事や自分の生活を満たすことだけではなく、社会全体の幸福を考えることが大事です。

ある程度生活が豊かになった人が、お金や社会的地位などの私利私欲だけを目的としてそこに自分のエネルギーを注ぎ込むと、人間関係に歪みが生じたり、自分に過度のプレッシャーがかかったり、健康を害したりすることが増えるのです。


とある製造業の社長は、会社が順調に成長してきた時、ある決断をしました。

それは賃金の安い外国人技能実習生を使わないということでした。

会社の規模を考えても、数人の従業員を安く雇用することのできる外国人技能実習生の制度はこの社長の会社には有利なものと思えました。

しかし、この社長は逆に、自分の会社の規模では学ぶことも多くないので技能実習生のためにもならないし、外国人を雇うのなら、多少無理をしてでも地域に住む日本人を雇用することで、日本や地域に貢献し、還元したいと考えたのです。

その結果、この社長の会社では、腕の良い多くの職人が育ちました。帰国の日が決まっている実習生と違い、新入社員としてしっかりと雇用したことで、迎え入れた社員たちも何としても新人を育てようと考え、正社員として迎え入れられた新入社員も多くの先輩に支えられながら、必死に仕事を習得していったと言います。

この会社はその社長の決断からさらに成長していくこととなりました。

一方で、かつて私が相談を受けていた依頼者に保険の営業マンをしている方がいました。

私に相談に来た頃の年収は三〇〇万円ほどでしたが、その後二年で、年収は一五〇〇万円と五倍にも増やしたのです。

しかし、彼は自分の生活にゆとりができても、私利私欲を追い求めることを止められなかったのです。保険の営業マンとして少しでも売り上げが高くなる新規のお客様ばかりを探そうとしていたのです。

私は「今いるお客様を大事にしないといけない」と伝えました。

それでも彼は、紹介によって売り上げを上げる方法を捨てられず、どこに行っても誰に会っても「紹介して」「紹介して」という紹介営業を繰り返したのです。

作ろうと思った時に作れないのが紹介による顧客です。

「紹介はボーナスだと思った方がいい」

私は何度もそう彼に訴え、自分の力で売り上げを上げられるよう、営業マンとしての実力を身につけるよう助言しました。

すべては「家族を幸せにするため」と彼は考えていたようですが、彼の姿を一番そばで見ていた奥さんも私と同じ心配をしていたのです。

「夫は、今あるお客様との繋がりをないがしろにして、『お金、お金』で営業している。今のままでも十分生活をしていけるのだから、そんなに無理をしなくてもいいと思っている」

と言うのです。

私からそれを伝えても、彼は全く聞く耳を持ちませんでした。私と奥さんが話をするようになってからは、自分の都合の悪いことを知られてしまったという思いからか、私に連絡をくれる回数が次第に少なくなっていきました。

それでも私は彼と連絡がつくたび、

「今いるお客様を大事に。既存のお客様のフォローをしっかりするように」

と伝えていました。

しかし、彼は私の言うことは聞かず、その後も、新規顧客の獲得に力を注ぎ、既存のお客様に対するフォローをおろそかにしていたようなのです。

そして、ついに心配していたことが現実のものになりました。ある時期から急に、彼の顧客の解約が続くようになってしまったのです。次に来た彼からの連絡は転職の相談でした。顧客が激減した彼は、同じ会社にいづらくなり、転職を考えたのです。

「その転職は逃げの転職だから良くない」

仕事を変える時、自分の状況が悪い状態では、良い転職はできないのです。私はもう少し今の会社で頑張るよう伝えましたが、彼の決意は固く、結局転職を決めました。

その際も私は、既存のお客様のフォローをしっかりするように伝えました。自分がなぜ転職するのかをしっかり伝え、転職後のお付き合いもお願いした方が良いと考えたのです。既存のお客様とどう話をつけるかが、転職後にうまく行くか行かないかを決定づけるだろうと考えていたのです。

しかし、彼はそれをすることもなく転職しました。結果的に、次に行った会社でも売り上げが上がらず、それ以降、連絡が途絶えました。

一人の顧客を獲得することでリターンの大きい保険の営業マンのような仕事は、「お客様のために」という考えがもっとも大切です。それを忘れ、私利私欲に走ってしまうと、うまくいく仕事ではないでしょう。

④ 感情をコントロールできる人

「凶」という結果を呼び込んでしまう原因。
実はそれは一見、とても魅力的に見えるものなのです。
それは一見、とても楽しそうに見えます。
それは一見、とても美味しそうに見えます。

そんな時に、
「ちょっと待てよ」
と、いったん自分の動きを止めて、その魅力的なものが本物かどうかをじっくりと観察できる人は、風水の開運法を上手に使うことができる人です。

風水の大事な考え方に「趨吉避凶《すうきちひきょう》」があります。

「凶」を避け続けることで、「吉」の方向に進むことができるというものです。

極端な話として、「凶」に遭わずにいれば、人は絶対に幸せになっていると言えるのです。

「凶」と隣り合わせになった時、自分の欲や感情をコントロールして、正しくものを判断できる人は、開運法で運を上げやすいのです。

たとえば投資詐欺です。

わかりやすい儲け話で人を釣る投資詐欺に引っかかるような人は、欲に目がくらんで冷静な状態ではありません。少し冷静になれば、そんなうまい投資話が自分のところに転がり込んでくるということ自体に疑問を持つはずなのに、「そんな話が自分にくるわけがない」とは思えなくなっているのです。

物事を決定するための判断をアクセルとブレーキで説明しましょう。実はアクセルを踏むよりもブレーキを踏むことの方が何倍も難しいのです。

多くの場合、立ち止まって考え込むことよりも、即行動、即決断すること、つまりアクセルを踏み込むことがチャンスを掴むために必要だと言われているからです。経営者にいたっては、ＧＯの判断をすることが美徳のようにも言われています。

感情のコントロールがうまくできない人は、止まるべきところで止まれません。しかも、その時に相談をしてくれれば良いのに、すでに次の行動に移っていたりもします。いったん立ち止まって、相談をするということもできないのです。

ところが、優れた経営者や感情のコントロールができる人というのは、そのブレーキの性能も優れているのです。

こういう人たちは、風水を活用していても止まるべきところで、止まれるのです。

私と顧問契約をしている人の中に薬品開発の会社を経営しているＡさんがいます。

ある時、Ａさんの会社に大手メーカーから商品の共同開発の申し入れがありました。かなり良い条件を提示されたこともあり、Ａさんは先方に前向きに検討するという返事をしました。

Aさんは、そこでブレーキを踏んだのです。

私のもとに連絡をくれ、この共同開発が風水的にどうなのか鑑定してほしいと依頼してきたのです。

その共同開発は風水的には絶対に進めない方が良いという鑑定結果が出ました。

結果を踏まえて、Aさんと私とで相手の会社を調べてみると、その会社は良い商品を作る中小企業を見つけては、共同開発を申し入れ、そのまま会社を自社に取り込むようなことを繰り返していることがわかりました。開発した商品や開発技術だけを奪い、社長や従業員の面倒は見ないということを繰り返していたのです。

Aさんは感情をコントロールし、冷静に判断できたため、いったん止まって、「風水的にはどうなのか?」という鑑定を私に依頼することができたのです。

もちろん、調べてみて良い結果が出ることもあります。その時は、そのまま話を進めれば良いだけですので、魅力的な良い話の時ほど、冷静に立ち止まることが開運に繋がるのだと覚えておきましょう。

⑤ 目新しい開運法に飛びつかない人

世の中には古くから続く様々な開運法がありますが、時代とともに新たな開運法も次々に生まれています。風水や開運法を上手に使う人は、目新しいものに飛びつくようなことはしません。上手に使えているのですから、新しいものを欲しないのは当然かもしれません。

その逆で、今までの開運法がうまくいっていないからといって、次から次へと新たな開運法に飛びつくような人は風水や開運法の使い方が下手な人だと言えるでしょう。

今までのものがうまくいっていないのは、その方法が正しくなかったのか、もしくはまだ成果が出る時ではないかのどちらかか、その開運法自体がそもそも本物ではなかったということでしょう。

世の中に数多くある開運法の中には、開運法とは名ばかりで、人の弱みにつけ込んでお金を巻き上げる「開運ビジネス」とさえ呼べるものもあるのです。

自分が取り入れている開運法が本物かどうか、そういった大切なことを放っておいて次々と新しいものに飛びついていれば、どんなに素晴らしい開運法でも、その成果を得ることは難しいでしょう。

これは、開運法だけに限ったことではなく、ダイエットなどでも同じことが言えるでしょう。

新しいダイエット法が話題になれば、今まで続けていたダイエット法を止めて、そちらに乗り換える、そんなことを続けている人で、痩せている人はいないでしょう。

有名企業も風水を使っている

風水を上手に利用している有名企業や有名人もいます。

有名なところでは香港のペニンシュラホテルです。香港ペニンシュラホテルを建てる際に風水を使って建てる土地の選定や建物の形を決めたのは私の師匠筋にあたる中国人の風水師です。

香港ペニンシュラホテルの大きな特徴は、四〇年間、良い状態が続くような形にしてあることです。
建物の運気も人間の運気と同じように診ていくのですが、通常、建物の運気は二〇年周期で診ていきます。香港ペニンシュラホテルは二つの周期で栄えるように建てられているのです。

このペニンシュラホテルととても似た作りの建物がありました。iPhoneやMacで知られるApple本社の以前の建物です。この建物は、ペニンシュラホテルと同じで、風水の基本が非常に良く守られた造りになっていました。Appleの創業者スティーブ・ジョブズは東洋の文化に興味を持っており、禅や瞑想を自分の生活に取り入れ、風水も利用していたというのです。

この本を読む多くの方が利用しているであろうスターバックスコーヒーも風水を導入しています。
ある年から風水を利用するようになって、売上が二〇パーセントも上がったのだそうです。

実際に店舗に行ってみると良くわかるのですが、風水をしっかりと使われているように見受けられます。

たとえば、風水ではどんな建物でも「使ってはいけないエリア」というのが生まれます。スターバックスは、そのエリアを上手に中庭にしたり、壁にしたり、人が通らないようにすることで、悪い気を活性化しにくくしているのです。

第四章

本物の風水をあなたへ

ここまでお読みいただいた方の中には、風水のすぐに使える「技術」を知りたいという方もいらっしゃると思います。

すぐに使える安易な技術は書かれていませんが、この章では、あなたの運気が上がる話を20個のレッスンとしてお伝えします。期待して読み進めてみてください。

レッスン1 「運気」を知る

風水に関心を持たれた方に、私が最初にしてほしいのは、「運気」というものがどんなものなのかを知ることです。

世間一般が持っている「運」のイメージは偶発的なラッキーみたいなものですが、私たち風水師は「運」に頼らずに、「幸福」を作っていこうとしています。そして、その中でも「福」を作ろうとしているのです。

漢字の成り立ちからその意味を見ると「幸」は偶然的な出来事、自分に都合の良いもの、ラッキーであり、「福」は、自分の努力で得る結果のことなのです。

つまり、「幸」は放っておいてもやってくるものですから、「福」を得る力が大事だということです。

「運気」はその「福」を得る時にも関係してくるものなので、そもそも「運気」とはどのようなものなのかを知ってほしいと思っているのです。

人間は自然の中で生活しています。

事業がうまくいく、これも大きな意味では自然の摂理の中で起きている出来事です。事業に失敗するというのも同じことです。

「運がいい時にはじめるとうまくいく」

このようなことがよく言われますが、私はそれは間違いだと思っています。

運が良い時であろうと、悪い時であろうと、間違っているものがうまくいくはずはありません。逆に正しいことをしていれば、運が悪い時でも上に上がっていくことができるのです。

こんな当たり前のことなのに、なぜ人は運が良い時にうまくいき、運が悪い時に失敗すると思うのでしょうか。

それは、運が悪い時には間違った判断をしてしまいやすく、運が良い時には、正しい判断をしやすいからです。

そもそも運というものは、時間が人間に与える影響のことです。それによって、自分自身のエネルギーが高まっている時は、自然と正しい判断ができ、自分自身のエネルギーが下がっている時には、間違った判断をしがちになってしまうのです。

つまり、運が良い時には自分自身のエネルギーが高まることで、正しい判断ができ、運が悪い時には自分自身のエネルギーが下がり、それによって間違った判断をしてしまいやすいということなのです。

それが運気の考え方です。

この部分を知らずに、「自分の運を上げたい」といって何かをはじめると、本質的なところで間違えてしまうことになるでしょう。

レッスン2 慌てない

結局、人間は運の良い時であろうと悪い時であろうと、正しい判断をすることができれば上に上がっていけるものです。

ところが、慌てている時には正しい判断ができないのです。

突然、大きな負債を抱えてしまうなど、大きな問題が起きた時に慌ててしまうことはあるでしょう。

しかし、溺れている状態で慌てても、うまく泳ぐことはできません。慌てていては、前に進めないどころかどんどん沈んで行ってしまいます。

沈まないようにするためには、まず何もしないことです。

情報が多く飛び交う今の時代には、何もしないことは不安でしょう。しかし、慌てている時の動きというのは、致命的な状態を引き寄せやすいのです。訳のわからないものに投資してしまったり、冷静な時なら信用しない話も信用したりしてしまうのです。

実際、そのような状態で私のコンサルにきた人は、最初に徹底的に動きを止めろと言わないと、三日後にはおかしなことをはじめていることが多いのです。なぜかYouTubeをはじめたり、突然、変な広告を打ってみたり、落ち着きたいのか、安心したいからなのか皆、お金を使いたがるのです。

悪い人からすると良い鴨です。

だからこそ、「慌てるな!」なのです。

大人になってから言われることはあまりない言葉かもしれません。慌てている時は、自分が慌てているかどうかもわからないかもしれませんから、大きな問題に直面した時は、まず自分に「慌てるな!」と声をかけて立ち止まってください。

止まる方法は何でも良いでしょう。

都会にいては止まることは難しいので、田舎に移動することをおすすめします。電波の届かない場所に行ったり、温泉に行ったり、何もできない状況に身を置き、息を整えるのです。

どうしても止まれないのなら、その時の判断はすべて間違っていると思った方が良いでしょう。

いったん動きを止めても、時間が経過すると、いつか急がなくてはならない時が絶対にきます。急ぐと慌てるは違うのです。

しかし、焦っている人はその区別ができません。とにかく動いていれば、急いでいるのと同じだと思ってしまっているのです。

訳もわからず動いていることは急いでいるのとは違うということも肝に銘じておきましょう。

レッスン3 過去に向き合う

人間は過去が大嫌い

今、問題が起きているのだとすれば、その原因は一〇〇パーセント過去の過ちにあります。だから私は、問題を抱えている人にまずは過去の過ちをすべてピックアップすることをすすめています。

この本を読んでいる人には当たり前のことを言っているように聞こえるかもしれませんが、私のもとに相談にくるような本当に困っている人たちは、それに気づかないし、それをやることを本当に嫌がるのです。

試しに、どんな小さなことでも良いので、あなたが今困っていることを思い浮かべてください。多少時間がかかっても、ここまでは難なくできる人が多いでしょう。

では、なぜそれが起きたのか。その困りごとに繋がるあなたの過去の過ちをピックアップしてください。こう言われるとどうでしょう？　途端にそれがとても嫌な作業に感じられませんか？

しかし、解決方法はそれしかないのです。今起きていることの原因はすべて過去にあるのですから。


過去から現在があって未来へと繋がります。

当然のことですが、過去と現在と未来はすべてが繋がっているのです。

ベストセラーにもなったアドラーの『嫌われる勇気』は、未来だけを見るために過去を捨てて無視をするように書いています。今、自分の行動や考えを変えれば未来を変えられるのだと。

しかし、「今」は過去から引き継いだものです。フロイトやユングは「今」には過去が影響していると言っています。

どちらも正しいことを言っているのだと思います。

私が多くの人を鑑定していて感じるのは、過去・今・未来を繋がっているものと考えている人が意外に少ないということです。こんな当たり前の話なのに、冷静に説明してはじめて、「なるほど」と頷く人がいるのです。他人事だったらわかるのに、自分事になった途端に理解が追いつかないのです。

ですから、今に繋がる過去をしっかりと分析することはとても大事なことなのです。

この分析がいかに大切なことなのか、簡単な事例をもとに説明しましょう。

Yさんはチームでの仕事を抱えています。しかし、周りは誰もYさんに協力してくれません。そこでYさんはその原因が自分にあるものと考え、過去の過ちを振り返ったのです。

いくつかの過ちをピックアップした時、Yさんはこれまで自分がチームのみんなに助けてもらった時に「ありがとう」の言葉を伝えていなかったことに思い当たったのです。

Yさんの仕事を手伝っても何の感謝もされません。仲間たちはそんな経験があったために今の仕事を手伝ってくれなかったのです。

これに気づけたことで、Yさんは一緒に仕事をしている仲間に感謝を言葉で伝えるということの大切さを知ることができ、それを実践するようになったのです。これによってYさんの未来も変わっていくのです。

自分の人生を変えるには、過去を見つめる痛みを伴うのだということをぜひ、知っておいてください。

また、過去の中には自分の宿命がたくさん詰まっています。自分の宿命や性格を知るには、ヒントとなるのは過去しかありません。

過去を振り返った時、我の強さが原因で恋愛に失敗する人は、仕事でも我の強さで失敗します。

たとえば、仕事の売り上げが上がらない原因が自己流に固執していることだったとします。この人は恐らく恋愛や趣味のゴルフでも自己流にこだわりうまくいっていないでしょう。

　こう考えると、失敗している部分が実は共通していて、この人が直さなければいけない部分というのはそれほど多くないことがわかります。

　このように、自分の中の失敗の原因を見つけて、頭の片隅に置いておくことが大切です。人間はどん底だと思っていても同じ失敗でさらに落ちていくこともありますから、そうならないためにも過去を振り返り、自分の欠点を知っておくと良いでしょう。

過去の振り返り方

　過去を振り返るのは、そんなに難しいことではありません。まずはノートや紙を用意し、過去に起きた良いことや悪いことを箇条書きにするのです。

　それを時系列に見ていくと、その人にとっての嫌な部分が抜け落ちていることがあります。記憶から抹消されてしまっているのです。

そんな時は、その時代の写真を見ながら書くようにお願いします。無意識に見ていくと飛ばしてしまうこともあるので、時代ごとに見ていくのが良いでしょう。

こうやって絞り出していくと、自分の問題点が見えてくるだけではなく、自分の記憶違いにも気づくことがあるのです。

「両親にコントロールされて、私は生きてきた」

そう言っていた女性が過去を振り返ってみると、確かに両親はコントロールしてきたものの、コントロールされずに生きてきたことに気がついたということもあります。両親の敷いたレールの上を進まされていると思っていたけど、振り返って見るとレールの上を走ってこなかったことを思い出したのです。

他にも、離婚をしたばかりの女性で、離婚の責任はすべて相手にあると言う人がいました。同じようにどんなことがあって、何が起きたのかと過去を振り返っていくと、相手が怒っても仕方がないことをしていたことを思い出したのです。

されたことは憶えているけど、したことやしなかったことは憶えていないことが多いのですが、丁寧に過去を振り返ると、自分が何をしたのか、何をしなかったのかが見えてくるのです。

コンサルティングをしている人には、この過去の洗い出しを半年に一回ほどの頻度でやってもらっています。同じ過去を何度も振り返るのです。

ところが、同じ過去であるにもかかわらず、コンサルティングによって本人の気が上がっていると見えてくる過去も変わるのです。

嫌だと思っていた過去が、嫌じゃなくなっていたり、蓋をしていたものも、蓋を開けられるようになったりするのです。

人は自分の過去に自分で色をつけています。過去は一色ではありません。自分が変われば過去も変わっていくのです。

レッスン4 今と向き合う

人間は今が大好き

人間は今が大好きな生き物です。過去が嫌いだという話は前に記しましたが、実は未来もあまり好きではありません。

ダイエットの話がわかりやすいでしょう。人は未来の痩せた自分の姿よりも、今の自分の快楽の方が好きなのです。だから、ダイエットがうまくいかない人が多いのです。

風水師にとって直近の未来を予測することはとても難しいものです。何故ならその人の意識次第で直近の未来はすぐに変えられてしまうからです。

逆に言えば、一番変えやすい未来は、直近の未来なのです。にもかかわらず、人間は今を変えることを避けたがるのです。

「今から5年かけて、今の自分から抜け出しましょうね」

この言葉は安心しますが、

「今から一緒にやっていきましょうね」

というのは、とてもしんどく、敬遠したくなるのです。

今や今日の使い方で未来を大きく変えられるのに、人は今を変えるのが難しいのです。変えたくないという気持ちよりも、今のまま、現状維持というのが何よりも楽なのでしょう。

ですから、私は多くの人にこう伝えています。

「自分の未来をしっかりと見つめられる人の方が開運で確実に上に行ける」

もし、あなたに目指す目標があるのなら、未来のために、今から動きましょう。

どうすれば今から動けるのか

今をコントロールするために必要なのが「知識」と「経験」です。

知識と経験で成功法則を知っていれば、今の努力、今を変更することができるのです。

私がコンサルティングをしている人たちに今を頑張ってもらうためにしていることは、成功を明確にイメージすることです。

実は、自分の幸せを明確にイメージできる人は多くありません。自分がどうなれば幸せを感じることができるのかを思い描けないのです。

「あなたの思い描く幸せな未来を教えてください」

私がそう尋ねると、

「金銭的にも時間的にもゆとりがあって、家族に囲まれて……」

このような漠然とした答えが返ってくることが多いのです。

そこで私は、イメージを明確にしてもらうために質問をしていきます。

「金銭的なゆとりって、月にいくらくらいあればいいんですか？」

「時間的なゆとりというのは、休日が増えればいいんですか？　それとも毎日、自由に使える時間が増える方がいいんですか？」

「家族は何人家族がいいんですか？」

このような人たちは、自分がゆとりを持って暮らすためにはいくら必要なのかもわかっていないことも多いです。その逆で、質問を繰り返すと意外と今のままでも十分満たされているということがわかることもあります。

具体的な数字が出てきた時も、その数字に伴う未来をイメージしてもらうために、質問をします。

仮に月収三〇万円の人が五年後までにその月収を六〇万円にしたいと言ったとします。その時には五年後の自分をイメージしてもらった上で尋ねます。

「今の三〇万円は、仕事量や負っている責任に対して払われているものです。六〇万円ということは、仕事量が今の倍になるか、責任が今の倍になるということですが、それでも六〇万円ほしいですか?」

このように尋ねると「それは嫌だ」「だったら四五万円でいい」など、一歩進んだ、より現実的な未来を思い描けるようになるのです。

そして、具体的な未来が思い描けてはじめて、そのために今やるべきことがわかってくるのです。今やるべきことがわかれば、あとはそれをはじめるだけなのです。

レッスン5 躓きに気づく

「いい時と悪い時を知ってますか?」

鑑定に訪れた人にこのような質問をすることがあります。

過去の振り返りの一つですが、「一番良かった時」「一番しんどかった時」を尋ねても、「良かった時期がない」「しんどかったことはない」などと答える人が時折います。

こういう人たちは、自分の人生の中での「良い」「悪い」を客観的に判断できていない傾向にあります。

自分を客観的に見るのが難しいという人もいるでしょう。その場合、比べる対象を自分だけに置き換えて、自分の中の良い時期、悪い時期を思い出すのです。

最低限、自分の良い時期、悪い時期くらいは知っておいた方が良いでしょう。それを知らないと自分に良い時期、悪い時期がきても気づけない可能性があるからです。

風水の基本に「趨吉避凶」という考え方があります。凶を避け続けていれば、やがて吉に当たるという発想です。

「良かった時期がない」「しんどかったことはない」という人は、自分の凶にも気づけませんし、吉に当たった時もそれに気づけません。

よほど若い人でない限り、良い時期や悪い時期がなかった人などいないでしょう。しっかりと周りや自分を観察すれば、見えてくるはずです。

中には、世の中に勘違いさせられている人もいます。

ポジティブ思考が良いものとされ、躓きも次のチャンスのためだと思ってしまう。これも良いことではありません。躓きは躓きです。

小さな躓きに気がつかない人は、次に大きく躓き、その次は派手に転んでしまうかもしれません。躓きにしっかりと気づかないと、次に活かせません。

ポジティブ思考によって小さな躓きをなかったものにしようとする人は、素直に良いことは良い、悪いことは悪いと受け入れることが必要です。

＊　＊　＊

すでにお気づきの読者もいるかもしれませんが、この章に入ってから、まだ「具体的な風水の話」はしていません。「風水をはじめるまでの土台作り」の話をしているのです。この土台作りがしっかりできれば、風水や四柱推命がなくても成功していくことができるかもしれません。

風水や四柱推命などの五術はその努力を後押しし、成果を最大限まで引き上げるものですから、土台作りを継続しながら施術をしていくことが本当に大切なのです。

レッスン6 まず「当たり前」のことをする

「開運のため」に玄関をきれいにするのは間違い

風水師をしていると、よく言われることがあります。

「運を良くするためには玄関をきれいにした方がいいんですよね？」

はっきり言って、その考えは間違いです。

「玄関をきれいにする」

「鏡を良く磨いておく」

もちろん、これらは風水的にも意味があることです。しかし、開運のためにそれらをするという考え方はおかしいのです。

玄関は運気を迎え入れる場所でもありますが、そもそも人が出入りをする場所です。家にくるお客様を迎え入れる場です。そこをきれいにしておくのは風水以前に人としてやっておくべきことなのです。

家にある鏡は何のためのものでしょうか。自分を映すためのものです。その鏡を使って出掛ける前の身だしなみのチェックをするのに、その鏡が汚れていて良い訳がありません。

開運のために家の中をきれいにするのではなく、人として当たり前の暮らしをするために、家の中をきれいにするのです。

断捨離のすすめ

ここまでの土台作りができたところで、私が最初に実践するように伝えるのが断捨離です。しかし、断捨離も運を上げるためにするわけではありません。

断捨離は運気を上げるためにするのではなく、自分の持っている気を無駄遣いしないためにすることなのです。

人間の視界に入るものは、どんなものでもすべてがその人の意識を通って行きます。この時に人は多かれ少なかれ気（＝エネルギー）を使ってしまうのです。

ここまでに私が土台作りとして伝えてきたことは、とても当たり前のことで、簡単にできることばかりです。しかし、実際にやってみると、気持ち的には敬遠したくなるようなとても難しいことばかりです。

これを継続的に続けていくのは、ある意味挑戦でもあります。

この挑戦を続けていく自分の気の状態を作っていかなくてはならないのです。そのために気の無駄遣いを減らす断捨離が有効なのです。断捨離がすぐにできない人は、自分が長く過ごすスペースだけでも徹底的に断捨離をすれば良いでしょう。

断捨離や片付けで運が上がるわけではありません。

断捨離や片付けは開運のための準備運動です。突然、走り出したら怪我をする恐れがあるので、それを防ぐストレッチのようなものだと思ってください。

断捨離の仕方は男女によって違います。

それは男性と女性で陰陽が違うからです。男性は陽の気で、放出するエネルギーが高く、女性は陰の気で、蓄積するエネルギーが高いのです。

放出するエネルギーの高い男性は、一気に捨てるつもりでものを捨てても、しばらく経ってみると、まだいらないものが出てくるでしょう。男性は一気に捨てるつもりの断捨離を三ヶ月ごとに三、四回繰り返すくらいがちょうど良いのです。

蓄積するエネルギーの高い女性は、計画的に捨てるものを考えながら断捨離してください。ある程度の断捨離が進んだ時、捨てたあとに何が入ってくるかをイメージしながら断捨離をすることが大事です。そのイメージをすることで本当は必要なものを捨てたり、本当は必要ないものを新たに買ってきたりということが減るはずです。女性は一年くらいかけて、家全体を整えるようにすることをすすめます。

悪い断捨離

はじめの一歩として断捨離をおすすめしましたが、断捨離にも悪い断捨離があります。最近、増えているミニマリストみたいなものは断捨離の悪い例です。

家の中のありとあらゆるものを手放し、ワンルームマンションの一部屋にテーブルだけが置いてあります。部屋は完全な立方体となり、そこに住む人は直線に囲まれた中に身を置くことになります。

風水は直線をものすごく嫌います。

直線は自然界には存在しないものです。人間にとっては違和感のあるもので、そういう環境に身を置いてしまうのは良くないのです。

たとえば、ホテルの部屋をイメージしてください。ベッドや椅子など最低限のものが揃っています。なんとなく落ち着いた雰囲気がイメージできるでしょう。

次に、それとまったく同じ広さの何も置いていない会議室をイメージするとどうでしょう。まったく気分が落ち着かないはずです。

最近、断捨離が行きすぎてそのような部屋で暮らし、体調を崩しているという人からの相談が増えました。

解決法として、部屋の中に不自然ではないくらいの曲線を持ち込むことを提案しています。部屋の一角に丸みを帯びた本棚を置いたりすることで、意識をそこへ向けることができます。

たったそれだけのことでも、人間の気には大きな影響を与えることができるのです。

レッスン7 自分の本当の声を聞く

黙って自分の声を聞く

視界に入ってくるもののすべてがその人に影響を与えるように、人は無意識のうちに色々なものの影響を受けています。その人に無意識に影響を与えているものを見つけ出すところから風水ははじまるのです。

無意識のうちにとっている行動が自分に影響を与えているということもあります。口癖や愚痴の多い人、人の言葉を聞かずに喋り続ける人なども無意識にしていることかもしれません。

いつでも誰かの愚痴を言っていたり、人の話を聞かずに話し続けたりする人などがいます。

そんな人がいた時、私は基本的にまずは黙ることをすすめます。なぜなら、何がダメなのかがわかっていない状態の人が多いからです。黙ってみてはじめて気づけることもあるのです。

たとえば、会社の愚痴ばかりを言う人に、
「会社の愚痴を言うの、止めようよ」
とアドバイスをすると、愚痴を言うことを止められないその人は彼氏や旦那の愚痴を言いはじめます。

愚痴を言うことで自分が癒やされている状態です。そんな時は、黙りやすくなるように意識を他に向けさせるのです。

「喋らずに、人が何を喋っているかを聞こう」

こう提案することで、はじめて聞くことに意識が向きます。そして、黙って相手の話を聞くうちに自分の心の中に静寂が訪れるのです。

こうなることで人はようやく自分の心の声を聞くことができるのです。今までなぜ自分は愚痴ばかりを言っていたのか、本当は何を言いたかったのか、相手に何を望んでいたのか、そんな自分の心の声が、自分の本当の気持ちを気づかせてくれるのです。

言葉と心のズレ

自分の本当の気持ちと発する言葉は同じでなければいけません。

昔に比べると最近は、言葉というものが軽んじられている気がします。

元気じゃない人も「元気です」「大丈夫」と言い、「こういう事業を起ち上げようと思ってるんです」などと言われた時にも、無意識に「いいんじゃない」と返してしまう。

世の中、いたるところで心とズレた言葉が飛び交っているのです。

風水では心と言葉は合わせないといけないとされています。心と違う言葉を吐くことによって、心にはストレスがかかり、身体は身体で反応して錯覚などを起こしてしまうのです。

本当は大丈夫じゃないのに大丈夫だと言われたことで、身体が無理をしてしまうということがあるのです。

もちろん、言葉で自分をだますことが有効な場合もあります。

「今日のプレゼンは絶対にうまくいく」

など、自分を鼓舞するための言葉なら自分をだましても何の問題もありません。このような瞬間的なエネルギーを生み出すことには良い手法だと思います。

しかし、継続的に自分をだまして思い込ませるというのは、すぐに限界に達し、無理がたたる日がくるでしょう。

最近は、ビジネストーク術や会話の間を持たせるためのハウツー本などがベストセラーになっています。自分の気持ちは他にあるのに、無理矢理話を続けるテクニックを学ぶために本を読むなんて、おかしなことだとは思いませんか？

自分の本当の気持ちにも目を向けず、相手に合わせて話をすることに何の意味があるのでしょうか。自分だけでなく、相手も同じように無理して話を合わせているだけだったら、何と不毛な時間なのでしょうか。

周りの人にたくさんの「ありがとう」を伝えると幸せになるという話があります。

これだって、気持ちが伴っていなければ何の意味もありません。「ありがとう」という言葉が大事なのではなく、心や、それに伴う動作や発言が大事なのです。

むやみやたらに言葉だけで「ありがとう」と発していたら、「ありがとう」の価値が下がってしまいます。そんな「ありがとう」を伝えられても、誰も嬉しくありません。

こんな言葉の安売り、あなたはしていませんか？

レッスン8 「衣」の色にこだわる

風水が「衣食住」の「住」に大きくかかわっているということは多くの人が認識していると思いますので、ここでは「衣」について、お話しします。

実は衣服については古典ではほとんど語られていません。ですが、風水では人間は形や色からも影響を受けると考えられていますので、常に身につけている衣服の影響を受けないはずがありません。

しかし、どの色がどんなことに効果があるかというのは、その人個人によって違いがあるので、一概に言うことはできないのです。

私にとって黒い色は自分をコントロールするという意味を持ちます。ですので、はじめて人と会う時などは、黒い服を着ていくことが多いです。

「恋愛運を上げるにはピンク色がいい」

こういう話を聞いたことがある人も多いかと思いますが、これは間違いです。

一言で恋愛運と言っても、その人その人によって恋愛に足りない要素というものがあります。それを補う形でなければ、逆効果になってしまうことがあるのです。

ピンクには女性らしさがあります。しかし、女性の中には女性らしさが強すぎて恋愛ができない人もいるのです。そんな人がピンクのものばかりを身につけていたら、近寄ってくる男性の数はむしろ減るでしょう。

かわいらしい女性に惹かれる男性は多いですが、ひらひらしたメルヘンチックなところに行きすぎた女性は逆に男性から敬遠されてしまいます。

自分にはどんな要素が足りず、どんなアプローチが必要なのかを見極めた上で服の色を選ぶことが大切なのです。

そして、そもそも恋愛とは人間関係です。

人間関係においては、相手がどう感じるかも大切なポイントですので、その色が相手に与える印象も考えておくと良いでしょう。

どんなにその色が風水的に良かったとしても、最初のデートで全身紫色のコーディネイトであらわれたら、相手は警戒し、その恋愛がうまくいかなくなることもあるのです。

レッスン9 今の調子に合わせて食べるものを取り入れる

続いては、「衣食住」の「食」についての考え方をお話しします。

食べ物についての考え方は、五術の中の「仙術」と「医術」で数多く触れられていま す。それだけに特化した本なども多く出ていますのでそれらを参考にすることもできま す。

西洋医学の栄養学と五術による食の考え方には、まず大きな違いがあります。

栄養学では、「こんな栄養素が身体に良いからこの野菜を摂取しましょう」とか、「この栄養素はこんな病気を防ぐからこの食材を食べましょう」というように、身体に良い食べ物（栄養素）を提示して、それを食べるように推奨するというものですが、五術では、「どれが良い」という食べ物はありません。

「あなたの今の調子に合わせて、食べるものを取り入れる」

これが五術における一般的な食の考え方です。

そのため、五術では「健康に良い食べ物」という考え方は存在しないのです。

西洋医学の栄養学が広く一般大衆に向けた平均的な知識を提供するのに対して、五術では常に対象が一個人であり、「こういう状態のこういう人にはこういう食べ物が良いよ」というアプローチができるようになっているのです。

五術による食の考え方の一つに「多少の毒は身体に入れなくてはいけない」というものがあります。毒は身体を強くしてくれるという考え方です。

少量ずつ毒を取り、その毒に身体を慣れさせるのです。このように書くと古いスパイ映画のスパイや殺し屋のようですが、ここで言う毒は本当の毒物のことではありません。

アレルギーの話がわかりやすいでしょうか。今でも卵アレルギーや小麦アレルギーの子供などは少しずつ食べさせていき、身体を慣れさせるという療法があります。

しかし、その一方で現代は多くのアレルゲンを完全に遠ざけて育てられた子供が増えているのです。そのために、予期せぬところでアレルゲンが口に入ってしまった時に、強いアレルギー反応を起こしてしまうということもあるでしょう。

五術では、そのようにならないために、毒となるものでも少量ずつ口にするようにしていれば、身体が強くなり、その食べ物を食べても毒に対する反応を起こさないように育っていくと考えます。

もちろん、これは現代の考え方に合っているものではありません。そういった食べ物を口にしなくても暮らしていけるのでしたら、無理に身体に入れる必要はありません。

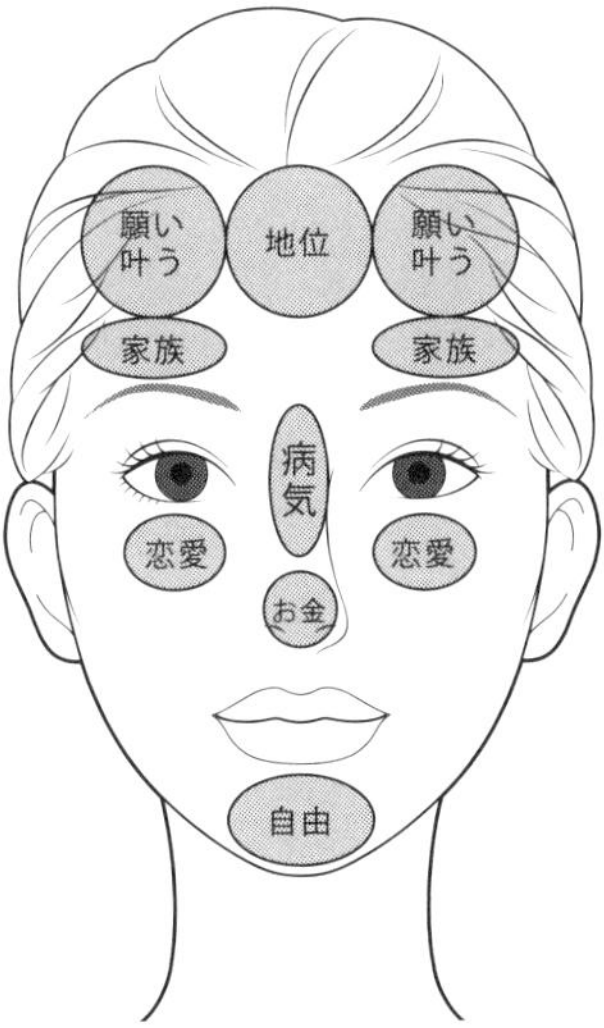

レッスン10
化粧やヘアスタイルで運気を上げる

「化粧やヘアスタイルで運気は上がりますか」――

衣食住ではありませんが、こんな質問をよく受けます。

五術の相術では人相も見ます。

そもそも人相とは、心の状態や感情の変化が表情や行動としてあらわれ筋肉の微細な動きによりできた人の姿形のことです。

いつも怒っている人は『眉間にしわが寄る』。

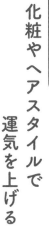

いつも笑っている人は『口角が上がる』。

このように人の行動や表情などからでき上がるのが『人相』ですから、化粧やヘアスタイルで人相を変えることはできません。

しかし、運気を上げることはできます。

わかりやすくよく言われるものに「前髪を上げておでこを出す」というものがあります。

おでこには、人生に必要な『福』『官』『禄』の三つの要素が秘められています。

『福』というのは、努力が実を結び結果を得る力。

『官』というのは、社会的地位や信用を得る力。

『禄』というのは、社会を相手にお金を得る力。

どれも、開運する上では、物凄く大切なことばかりです。

その大切な部分に、傷が入っていたり、形の悪い黒子があったりすると、これら三つの力を阻害することになるのです。ヘアスタイルを整える時、おでこを出しておくことで、これらの「力」をしっかりと得ることができるのです。

また、人相学では『周囲に与える印象』も加味して考えます。化粧やヘアスタイルはこちらに大きく影響します。「他人から明るく見られるか、暗く見られるか」「不衛生ではないか、奇抜すぎてはいないか」その印象であなたの運勢も大きく変わるのです。

見た目だけにとらわれず、平行してそれに見合うような自分の本質、心も成長させるようにすると良いでしょう。心が成長しなければ、陰陽のバランスが崩れ、些細なことが気になったり、不安が増えたりすることもあります。

以前、美容整形クリニックの先生と話をしたことがあります。

整形をした人の中には、何度整形をしても戻ってくる人がいるというのです。加齢による変化もあるのでしょうが、そうではなく、何度整形をしてももっと変わりたいという思いが消えないのだそうです。

風水的に見て、心の成長が伴っていないことが原因だと考えられます。

陰陽の一方に偏らず、見た目と合わせて心も成長させれば、バランスをとりながら人相も良くなっていくはずです。

レッスン11　風水の視点から住環境を考える

風水と言えば「住」と言うくらい、人が住む場所や環境に風水は関係しています。

ここから風水と「住」にかかわるお話をしていきます。

風水的に優れた街

風水的に優れた街というものがあります。

歴史や経済の状況から見ても東京や大阪はその最たる場所です。ただし、他の街でも最近は川の流れがまっすぐに変えられていったり、埋め立て地を作るなど大きく地形が動かされたりするために、少しずつ良くなくなってきてはいます。

そんな中、私が注目してる街は滋賀県大津市です。

近年、人口も増えマンションなども建ち並んでいますが、2024年以降、さらに栄えていくと見ています。

様々な要素・条件があって、それに当てはまる街が大津市なのですが、その一つとして、北東に大きな水があるエリアが経済的に発展するというものがあります。

大津市の北東には琵琶湖があります。日本国内で、これほど条件に当てはまる街はないでしょう。

風水的に優れた国

風水で大事なものは山の存在と川の存在です。そういった意味で、日本は風水的にとても恵まれた国なのです。

どこの国にも山や川はあるだろうと思われたかもしれません。確かにそうです。しかし、山はただあれば良いというわけではありません。風水的に考えて大きな気（＝エネルギー）を貯めこんでいるのは木々の生い茂った生命力のある山です。木々の少ない禿げ山では大きな気を貯めこむことはできないのです。

緑豊かな日本では、禿げ山を探すことの方が難しいでしょう。

五術の礎を作り上げた古典のある中国ですが、風水的には恵まれた国とは言えません。大河もあり、山々もありますが、禿げ山の割合が多いのです。

アメリカは砂漠が多く、山が少ない印象です。

ヨーロッパの多くの山も殺伐としていて良くありません。
フランスでは、一部の山岳部を除くと、起伏のない山が多く、これも風水的にはあまり良くありません。風水では起伏の激しい山を「生龍」と呼び、起伏のない山を「死龍」と呼びます。フランスには「死龍」が多いのです。

川の流れと人の流れ

人々が集う町は山の気（＝エネルギー）の影響を受けて発展していきます。近くによりエネルギーの強い山があれば、それだけ町は発展していくのです。

そのエネルギーを遮るのが川です。川を隔てることでエネルギーを受ける山も変わってくるのです。そのため、川を隔てて栄えやすい場所、栄えにくい場所があるのです。

橋を渡った瞬間、町の雰囲気がガラッと変わるというのはよくあることでしょう。川の向こう岸とこちら岸で天気が違うというのも、川によってエネルギーが遮られていることが原因です。

古い地図を見るとわかりやすいのですが、川を隔てて山の良い影響を受けている側には神社やお寺が多く、その反対側には貧しい村があることが多いということもあるのです。

現代において、そんな川と同じ働きをするのが、鉄道や大きな道路です。人間には水分が多いため、人通りを水の量として考えた時、たくさんの人が動く鉄道や大きな道路は一本の川と同じということになるのです。都会では、大通りを境に天気が変わることもあります。

また、昔と比べると乗り物が増えたため、水の勢いが強くなったとも考えられます。勢いが強いということは、それだけ影響力が強いということです。良いも悪いも影響力が強いので、乗り物によって分断される地域では、エネルギーの流れをしっかりと見ていく必要があります。

川の近くにあって良くない場所とされているのが「反弓煞《はんきゅうさつ》」です。曲がりくねった川のカーブの外側に当たる場所です。川の氾濫が起こりやすく危険な場所でもあるのですが、それ以上に悪い気の影響を受けやすい土地なのです。

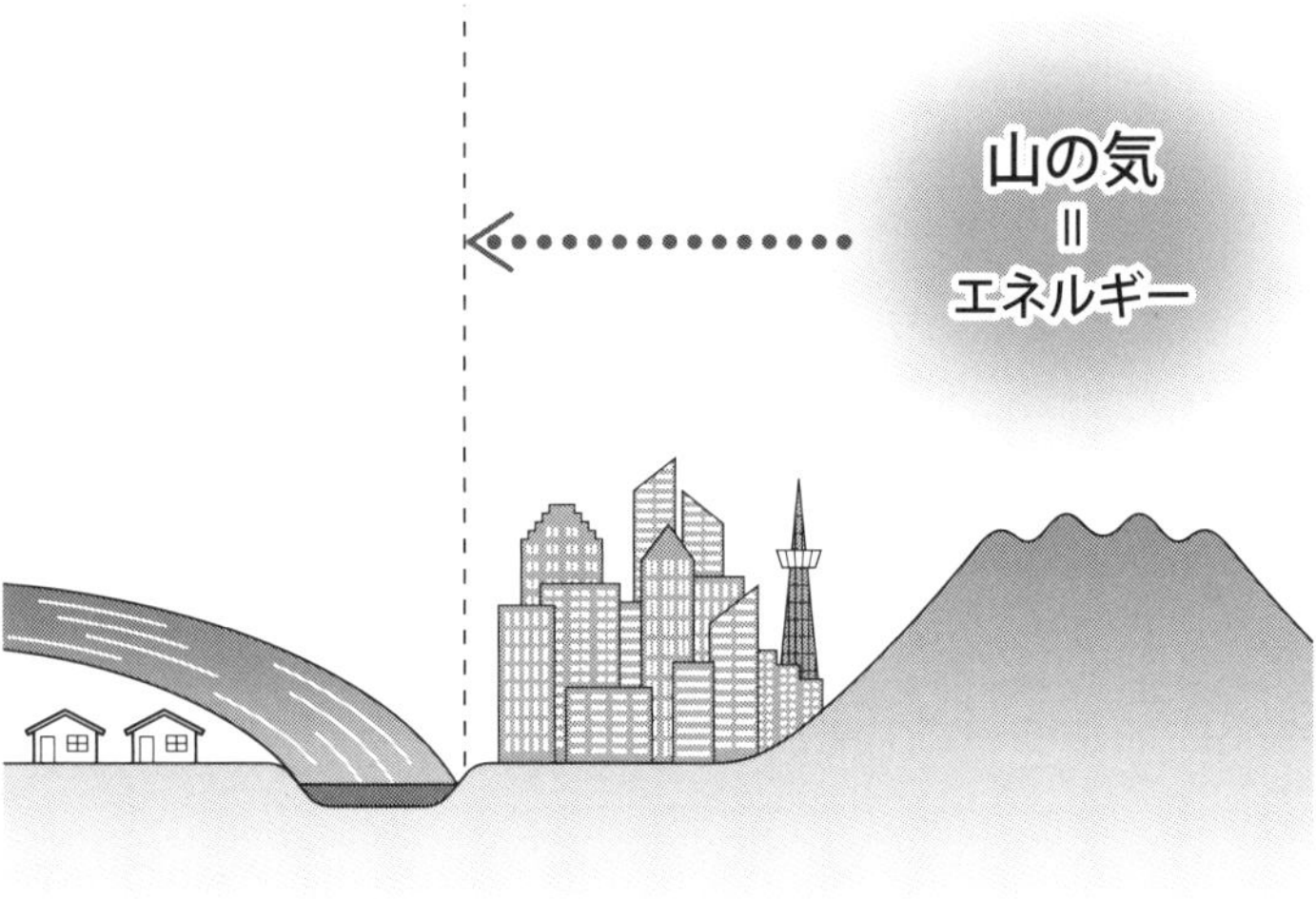

■反弓煞

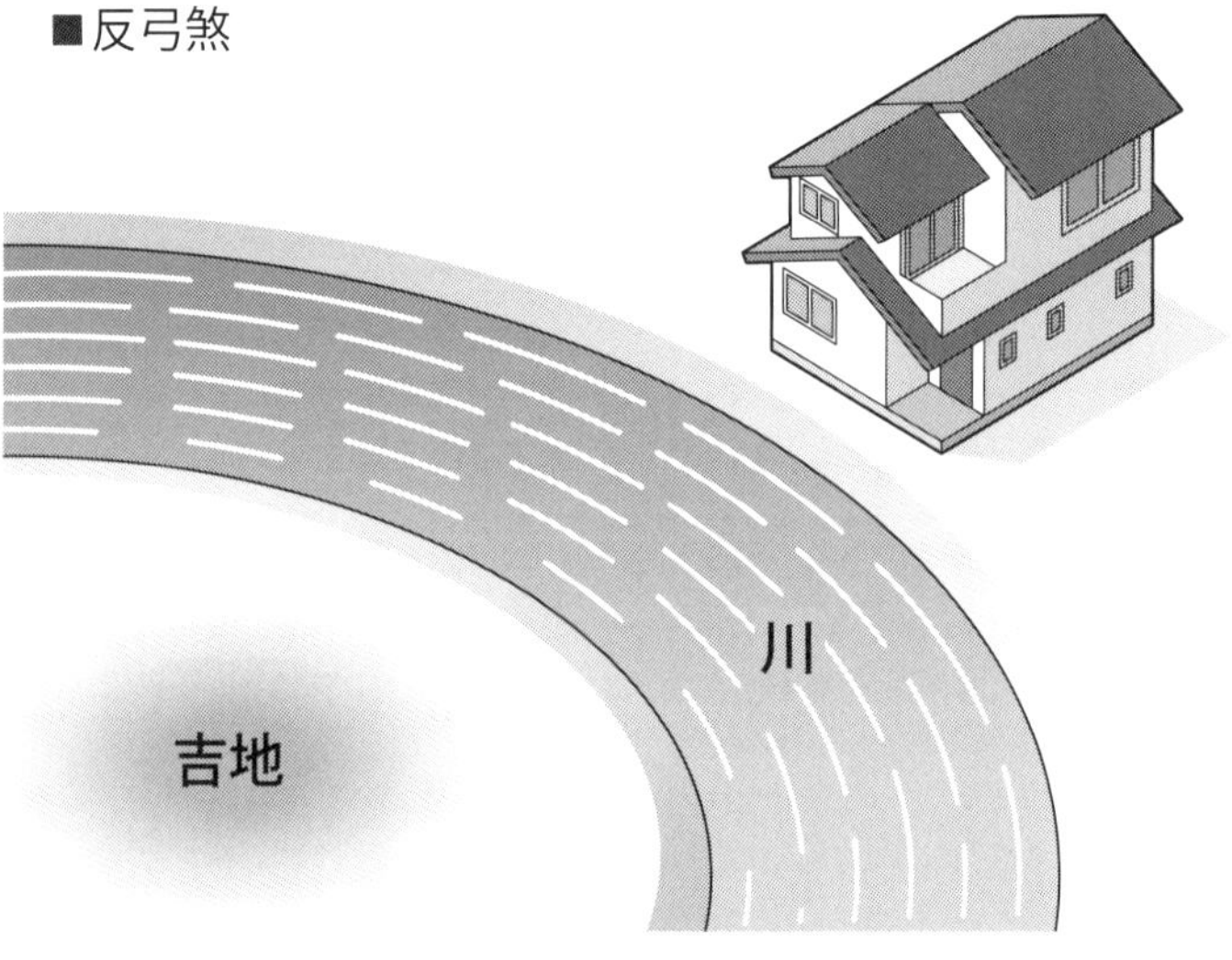

運気の良くない場所を知る

川の近くにある「反弓煞」が風水的に良くない場所とされているように、風水で見ると住んでいる人に悪い影響を与える場所というものがあります。

ここではその代表的なものをいくつか紹介したいと思います。

自分の目の前で突然、理由もわからず人が死んでいたら誰でも嫌なものでしょう。自殺かもしれないし、伝染病なのかもしれない。もしかしたら近くに殺人鬼が潜んでいるかもしれない。きっと不安で仕方がないでしょう。しかし、それが熊に殺されたとわかれば、そこである程度安心できるでしょう。熊がこないような工夫ができれば、安全な暮らしを手に入れられるのですから。

それと同じように、ここではどんな場所が風水的に良くないのか、それを知ることが大事なのです。

『青龍断《せいりゅうだん》』　建物を正面から見た時に右側に何もない家。
男性に影響がある。
『白虎断《びゃっこだん》』　建物を正面から見た時に左側に何もない家。
女性に影響がある。

風水の基本として、建物は基本的に左右と後ろの三方を囲まれていなければなりません。最近は太陽光を取り入れることを考え、角住宅を好む傾向にありますが、基本的には選ばないようにすすめています。

青龍断、白虎断は家族の心身の病気などを誘発します。ただし、住宅としてではなく、ビジネスで利用するのであれば、工夫次第で良い場所に変えることもできます。

『路冲煞《ろちゅうさつ》』　丁字路のぶつかる家。
丁字路がどの方角からくるかによって誰にどんな影響があるかが決まる。
『反弓煞』　川のカーブの外側に位置する場所。
建物の状況によって凶作用の出方が異なる。

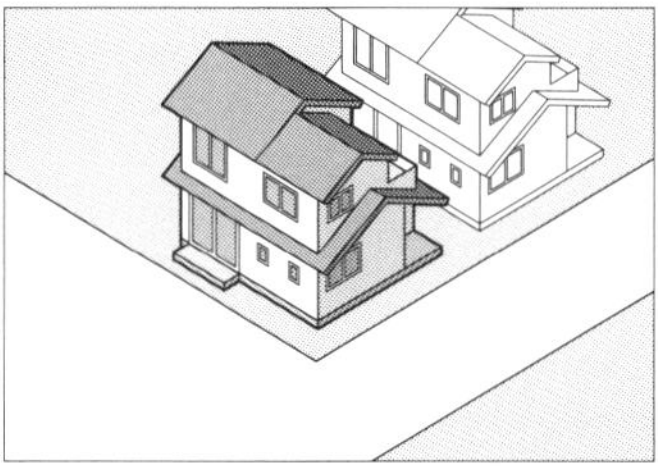
白虎断

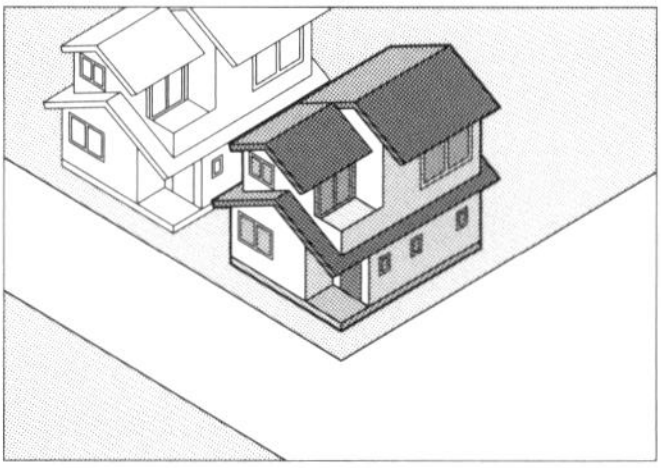
青龍断

反弓煞

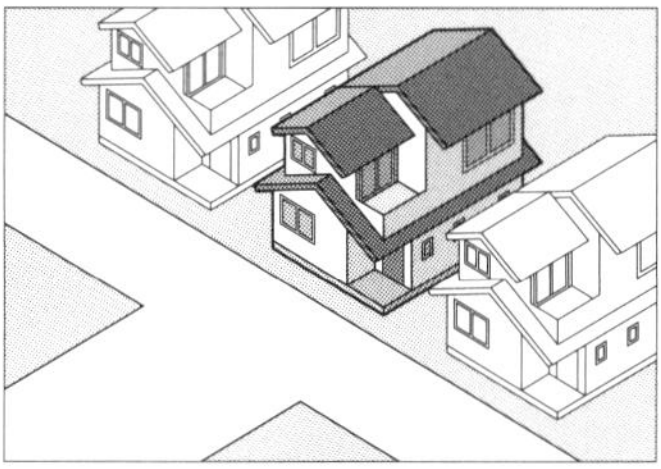
路冲煞

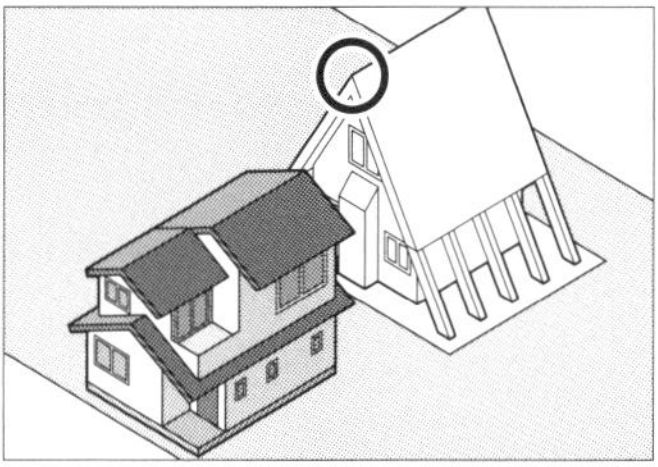
屋脊煞

陰煞屋

冲天煞

『陰煞屋《いんさつや》』　近隣にあるお墓が見える状態の家。

風水が効きにくく、判断力が鈍りやすい。

反弓煞のエリアでは長く人が居着くことがなく、店舗などではオーナーが次々に変わることもあります。

陰煞屋は、家からお墓が見えなくする工夫ができれば、その影響を受けないようにすることができます。

『屋脊煞《やせきさつ》』　頂点が尖った状態の屋根が周りに見える家。

どの方位に見えるかで、誰にどんな影響が出るかが決まる。

屋脊煞も家から見えない状態にできればほとんど影響はないでしょう。

昔は、その尖った頂点が周りの家から見えないように鬼瓦などを置いていました。今は鬼瓦を置く家はほとんどなく、尖ったままの屋根が目立ちます。鬼瓦は周りの家に迷惑をかけないための配慮だったのです。

『冲天煞《ちゅうてんさつ》』　尖った建物（塔）の周辺。
住む人の倫理観が低下したり、怒りっぽくなったり、治安が悪くなる。

実際、周辺に高い塔ができたことによって治安が悪くなったという地域は数多く存在します。東京スカイツリーができて一年が経った頃、周辺地域の治安が悪化したことが雑誌の記事にも取り上げられていました。

自分の家がどれかに当てはまるからといって、慌てないでください。一つが当てはまったくらいでは大きな影響は出ません。一つ一つ、どんな影響を受けやすいかがわかっていれば、対策もできるというものです。

もしあなたの家が、女性に影響の出やすい白虎断なのであれば、女性の家族を気遣ってあげてください。疲れやすかったり、病気がちだったりするかもしれません。そんな時は、良く眠る、しっかり食べる、風呂でリラックスするなど、基本的なことに気をつけるだけでも大きく違うはずです。

しかし、それが三個も四個も重なるようであれば、引っ越しも含め、対応を検討した方が良いでしょう。

方位を知るのは簡単ではない

建物の風水鑑定を依頼してくる人の中には、前もって調べておいた方が良いことがあるかを確認してくる人がいます。必要な書類などがあれば揃えておいた方が良いとの思いからなのでしょう。

実のところ、知っておいてほしいのは築年数くらいです。

方位は一般の人が思っているほど簡単なものではありません。鑑定に行くと、

「こっちが北です」

と、一方向を指さしながら教えてくれる人がいますが、風水における方位はそれほど単純ではありません。風水で使う方位はとても繊細で正確なものでなければならないのです。

私は京都在住ですが、ある時、他の地方に住む方から鑑定を依頼されました。

特急を乗り継ぎ、その方のお宅に実際に伺い、方角を測って京都に戻りました。

翌日、その方から連絡があり、

「改めて自分で方位を測ってみたら、先生が言っている方角とは違っていた」

と言うのです。

その方は自分で風水の勉強をしている方でした。

自分が調べた方位に自信はありましたが、私は慌てて電車に乗り、すぐに方位を調べ直しました。結局、私が調べた方位に間違いはありませんでした。

自分に自信があったのに、なぜ私が慌てて駆けつけたのかというと、方角というのは、風水師の中でも一番シビアになるポイントだからです。方角を間違えれば、すべてが狂ってしまいます。絶対に間違えてはいけないと思いながら測るのですが、間違えてしまう可能性もあるのです。

たとえば、測る位置から一メートルくらい離れた場所に自転車が一台止まっているだけでも、方位はズレることがあるのです。

地図上で見ている方角というのは、風水で使う方角とは違います。風水にとって方角はとても大事なので、必ず現地で測っています。

方角はとてもデリケートで、都会で方角を測っていると、磁石に対して影響があるものが多く、大変です。影響があるものを避けながら測っていても、突然針が回転したりするのです。地下を走る電車や側溝の鉄板などからも影響を受けるのですから、何度も測り直してようやく、数字を決めることができるのです。

風水の鑑定に必要な暦を使うため、築年数は必要です。

家も人と同じように生まれた年の影響を受けます。その建物が、どの年のどんな影響を受けて生まれてきたのかを診るのです。

風水で使う暦は二〇年ごとに変わります。

実はその二〇年が、今年、２０２３年で終わるのです。

２０２３年以前の物件と２０２４年以降の物件は大きく異なることになるでしょう。場所によっては、意地でも今年中に建てた方が良いという場合もあるはずです。

物件と風水

私はお客様といっしょに物件探しに出掛けることも多く、数多くの物件を見てきました。そんな中で見てきた物件や起きた出来事などの話をしましょう。

私がこれまでに見た最高の物件は、大阪のとある経営者の家でした。風水的にまさに完璧な家で、周辺の地形がとても整っているだけでなく、家を囲むように建物もあり、家の正面には池まであリました。池と家との間には大きな庭でしっかりと空間がとられていて、風水の理想的な形ができ上がっていたのです。方位的に見ても、五鬼運財法《ごきうんざいほう》という財運を瞬間的に上げる技法と一致する方位にその池が当たっていました。

その経営者はそこに住みはじめてすぐにヒット商品を生み出し、大きな財を得たのです。

物件を探している時によく感じることですが、普段からの生き方が「自分」「自分」となっていない人には良い物件が出やすい傾向にあるようです。

普段から周囲の人に対する気配りができているような人だと、突然、ぽんっと良い物件が出てきたり、ダメかな、と思っても、ちょっとした工夫で良い風水になるような物件が見つかりやすいのです。

物件探しには、その人の生き方が比例するようなのです。


「地霊人傑《ちれいじんけつ》」という言葉があります。

すぐれた土地から素晴らしい人材が輩出されるという意味や、土地が人を育てるという意味合いで使われる言葉です。そして、育てる価値のない人はその土地にはじかれるとも言うのです。

長い期間、一緒に物件を探している人がいました。なかなか思うような物件を見つけられずにいたのですが、ある時、とても良い物件が出てきたのです。二人で細部まで調査し、この物件で間違いないと、様々な手続きを超特急でしました。

しかし、その翌日。その物件を現金で買いたいという人があらわれて、結局、その物件はとられてしまったのです。

きっと、その人は土地にはじかれてしまったのでしょう。

マンションの風水

マンションの風水鑑定をする時は、棟ごと診るのか、それとも一戸ずつで診るのかと聞かれることがあります。

マンションの作りは非常に複雑になっていますが、基本的には棟ごとに診て、一戸ずつ診ます。

一戸ずつ診る時、基準となるのはベランダの向きであることが多いです。多くの方が玄関を基準に診ると思われているようですが、玄関と決まっているわけではありません。

ベランダも一つとは限りません。二つあれば、二つともの影響を受けるかもしれません。

その時考えるのが、

「光が多く入る場所はどこか」

「空気の流入が多いのはどこか」

「住んでいる人の出入りが多いのはどこか」です。

それらが多いところが基準となるのです。

ベランダがなければ、そのまま玄関を基準とすることが多いです。

大きなマンションでは、一階と二階は玄関側で診るものの、三階より上はベランダ側で診るというような場合もあります。これには日当たりが大きく関係しています。

風水師ですら、これらの原則をわかっていない人がいます。一般人がわからなかったり、デマのような話を鵜呑みにしたりしてしまっても仕方がないかもしれません。

確認の術がないので、いい加減な鑑定などが成り立ってしまう。それが問題です。

風水で見るタワマン

古典をもとに作り上げられてきた五術ですが、時代に合わせて進化もしています。「進化」と書きましたが「変化」が正しいかもしれません。

これまで変えられてきた内容もすべてが正しい方向に修正されたわけではなく、後の時代になって見てみると退化だったり、嘘だったりするものもありました。

それでも、その時代その時代にマッチするように変化しているのです。


今、都心に次々と建てられているタワーマンションも古典の時代には存在しないものでした。しかし、タワーマンションは風水に当てはめて診ていくことができます。

結論から言って、風水的にタワーマンションに住むことは良くないと言えます。

そもそも風水は風を避けるものです。風はエネルギーを散じさせるため、風を受けないような工夫を考えてきたのが風水なのです。

風を避けるもののないタワーマンションに住んでいて、良い影響が出るとは言えないでしょう。

さらに言うと、タワーマンションは構造上、いつも動いています。動いているところに寝るというのも身体には良くないでしょう。

実際、日本よりも古くからタワーマンションが導入されていたヨーロッパの国々では多くの健康被害が報告され、建設中止や高層階への子供の居住が禁止されている国もあると言います。

また、日本でもめまいや耳鳴り、不眠などに悩まされる「高層階症候群」の報告があったり、流産・死産の割合が低層階よりも高層階の方が高いという研究データもあったりするようです。


ここまで書きましたが、風水的にタワーマンションに住むのが向いているという人もいます。旅行業や商社など、移動や遠方への出張の多い職業の人はタワマンに住むことで、仕事にいい影響を与えることが出来るでしょう。

レッスン12 風水的パワースポットを訪ねる

住宅の立地や建て方の相談の際に、よくパワースポットについても質問されることがあります。

訪れることで癒やしや活力が得られ、エネルギーをチャージできるパワースポット。風

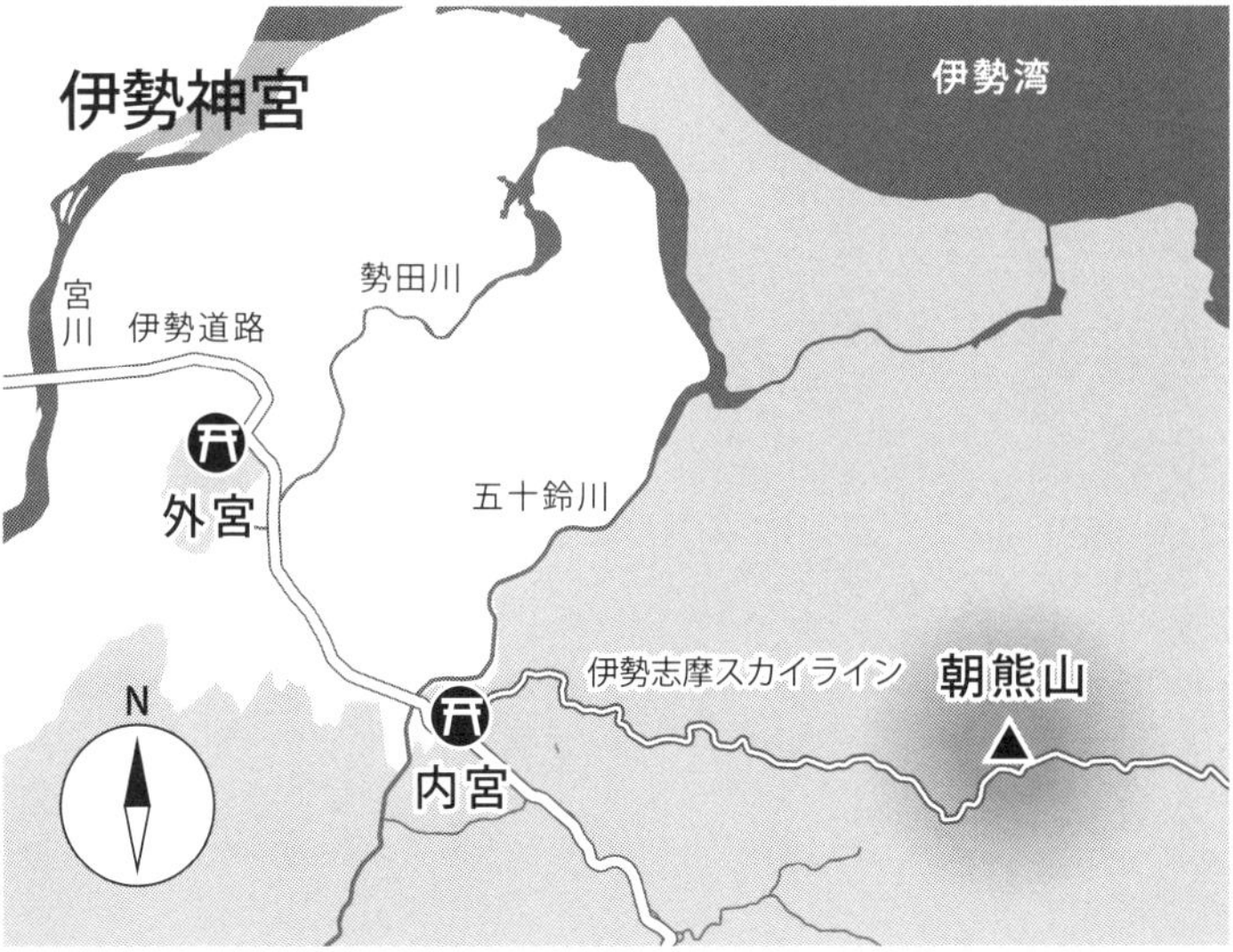

水的なパワースポットは、世間一般に言う、明治神宮の井戸などではなく、通常の地理的な環境の中にあるものです。

風水的パワースポットはどのような場所なのでしょうか。簡単に説明すると、山の形や川の形が整った場所になります。最近は切り崩された山が増えていますが、切り崩された山は、山本来の力を持てなくなるため、あまり良くないと考えられています。

風水的パワースポットで、圧倒的に良い場所が、伊勢神宮です。中でも内宮・外宮は抜群に良い場所です。目の前を流れる五十鈴川《いすずがわ》や裏手にそびえる朝熊山《あさまやま》が完璧に配置されているのです。

宮内庁の管轄でもある朝熊山には伊勢志摩ス

カイラインが通っていますが、それ以外はほとんど手つかずで、鉄塔なども立っておらず、強い気を感じられる抜群のスポットです。

いくつもあるパワースポットの中でも、なぜ伊勢神宮が圧倒的に優れた場所なのでしょうか。それは伊勢神宮の成り立ちが証明してくれています。

今から二〇〇〇年前、皇位のしるしとして受け継がれる三種の神器を政の行われる皇居に置いておくのは良くないと、その一つである八咫鏡《やたのかがみ》をご神体として伊勢の地にお祀りしました。

実は八咫鏡は今の伊勢神宮にお祀りされるまで、八十八箇所を引っ越しされています。八咫鏡をお祀りしては、より風水的に良い場所を探し、西から東へと移動してきたのです。

それらの八十八箇所は「元伊勢」とも呼ばれますが、今より良い場所、今より良い場所と繰り返して移動してきたこともあり、最初に祀られた場所よりも、あとに祀られた場所の方が風水的に優れた場所となっています。私もいくつかに足を運び確認しましたが、伊勢に近づくにつれ、良い場所となっていることがわかりました。奈良県にある大神《おおみわ》神社までくると、非常に良い場所で、かなりのパワースポットであると言えます。

関東にはパワースポットが少ないのですが、関東で一番整っている場所は皇居です。もちろん、本当に一番良い場所は、一般人が入れる場所ではありません。

風水師が「穴」と呼ぶポイントがあるパワースポットは、概ね、皇居のような特別な場所であり、残念ながら一般人の入れるような場所にはありません。

他にも、宮城県東松島市の宮戸島《みやとじま》にある大高森という山も非常に優れたパワースポットです。こちらは特に男性のエネルギーチャージに適しているとされています。

パワースポットの力

パワースポットについてよく聞かれるのが、どれくらいの時間を過ごした方が良いのかということと、どれくらいの頻度で行けば良いのかということです。

パワースポットでは一刻（二時間）過ごすのが良いとされています。人間自体が、その場所の気に馴染むために一刻くらいかかるのです。

刻のはじまりから次の刻のはじまりを過ごすと良いので、正確には二時間ちょっとの時間を過ごすことになります。ですので刻の少し前にパワースポットに行くことができれば、二時間ちょっとで済みますが、刻を少し過ぎた場合は四時間ほどの時間が必要になります。

次にどれくらいの頻度で行くのが良いか。これは、「住めるなら住んだ方が良い」というのが私の答えです。

伊勢神宮なら、近くに住んで、毎日参拝に訪れるのも良いでしょう。

つまり、できるだけ多く行けた方が良いということです。

しかし、人間の気（＝エネルギー）は、充電するだけでなく放出する必要もあるのです。パワースポットに毎日行ったとしても、放出する力がない人は現状と変わらないということもあります。放出とは、普段の営みを積極的に生きようとしていることでできるもので、懸命に生きていない人は放出がうまくできません。

パワースポットには、その人が進むべき道に進めるように後押しをしてくれたり、その場にそぐわない人間は受けつけないというような作用もあったりするようです。

私が顧問をしていたお客様で、風水的に見ても廃業した方が良い会社の経営を続けている人がいました。そのまま会社を続けていても赤字が膨らむばかりでこのままでは周りに迷惑をかけてしまうかもしれません。会社を整理する方法を色々とアドバイスしても、社長自身は動いてくれませんでした。

そこで、私は社長に伊勢神宮へ行ってもらいました。その直後、その会社の取引先が不渡りを出し、結局、社長は会社を畳みました。パワースポットに行ったことで、進むべき道に背中を押されたのです。

伊勢神宮は陽気が強いパワースポットです。中には「行くと疲れてしまう」「伊勢神宮は合わない」と言う人もいます。そういった人たちは運が低下していて伊勢神宮にそぐわない状態になっているのです。陽の気に合うように少しでも運気を上げてから伊勢神宮に行くようにするのが良いのです。

以前、私は伊勢神宮や高野山の金剛峯寺《こんごうぶじ》、大津の三井寺《みいでら》などへのツアーを行っていたことがあります。一番人気は伊勢神宮で、募集と同時に満席となってしまいます。しかし、キャンセル率が一番高いのも伊勢神宮だったのです。前日や当日になって、本人や家族に体調不良があったり、身内に不幸があったりと、何か不思議な力が働いているとしか思えないようなことが起こっていたのです。

レッスン13 お墓を大事にする

子孫繁栄のために亡くなった人を一日も早く自然に還そうという古代中国の考え方を礎とする風水は埋葬方法として発展してきました。

そのため、風水ではお墓をとても大事に考えています。

ここではお墓についてお話しします。

お墓はとても大事

死者を自然界に還すという目的があるため、本来、風水では火葬よりも土葬の方が死者の埋葬に適しているとされているのですが、日本の法律では土葬が禁じられています。

現代の日本人は、本当は意味のあることでも意味がないと考えがちです。

今、日本はお墓をどんどんなくしていこうという方向に向かっています。

しかし、お墓をとても大事なものと考える風水では、お墓は守っていかなければならないものであるし、お墓参りは行くのが当たり前のものとなっています。

風水は宗教ではありませんが、その成り立ちに儒教や道教の影響を大きく受けています。これらの教えは先祖供養に命がけです。大袈裟な表現かもしれませんが、それほど先祖や先祖から受け継ぐ子孫の繁栄というものを大切にしているのです。

あらゆる物事を行う際の吉日を選ぶ「擇日」に用いる吉凶歴『通書《つうしょ》』を見ても、一年におけるお墓に関する擇日はとても多いのです。

お墓を掃除する日、お骨を新たにお墓に入れる日、お骨をお墓から抜く日、お墓を移動させる日、などなど。

お墓というのはそれほど生活に根ざした存在なのです。


風水では、先祖供養がとても大事で、先祖がどう自然に還ったかで、自分に返ってくる影響が変わると考えられています。

私のもとに相談にくる人の中で、大きな問題を抱えている人の中には、お墓の場所がわからないとか、墓じまいをしてしまっているという人がとても多いです。

不思議だと思うかもしれませんが、それほど不思議な話ではありません。

たとえば、子供の教育やしつけを考えても、先祖を想いお墓を大切にし、お墓参りを欠かさないという家と、先祖なんてどうでも良いと考え、面倒くさいからとお墓をほったらかしにしている家とでは、子供に与える影響は大きく違うでしょう。お墓を大切にするという姿勢は、その家族の教養や道徳観、人を思いやる気持ちなどを育むのです。

利便性などを考え、その大切な部分が蔑ろにされるようになってきた今、大きな問題を抱えて重症化させている人が増えてきているように感じます。

風水ではお墓の鑑定をすることもできます。もし、今からでもお墓を大切にしていきたいという人はお墓を診てもらうことをしてみても良いかもしれません。

お墓の引っ越し

先祖代々の墓が遠方にあり、その地方にはもう一人の縁者も住んでいない時、お墓参りはどのようにしたら良いのでしょうか？

そんな相談があった時、

「子孫がいないのであれば、墓じまいはしてもいい」

と伝えています。

もし、子孫がいるのであれば、子供たちにお墓を守ることをお願いした方が良いでしょう。それが難しいのなら、お墓の移転を考えても良いかもしれません。お墓の引っ越しです。

お墓の移転も普通の引っ越しと同じように風水を診て、良い運気の場所に移転するのであれば、何の問題もありません。

お墓参りに行けないから墓じまいをしないといけないと思っている人が多いようですが、墓じまいをするくらいなら、引っ越しを考えた方がよほど良いでしょう。

お墓も一つの日本人の伝統文化です。最近、伝統的なものをすぐになくそうとする傾向がありますが、なくしたものは簡単には返ってきません。どうやって残すかを考えてほしいと思います。

家が個（子）に与える影響

お墓を大切にするという気持ちが子供に影響を与えると書きました。もちろん、お墓に対する思いだけが子供を育てるわけではありません。

家や親は、どんな時でも子供に大きな影響を与えています。

以前、ある夫婦が娘さんとともに私のもとへ相談にきました。就職をしたばかりの娘さんが会社に合わず、すぐに辞めてしまい、今は何もせず家にいるだけだというのです。

その夫婦は実に教育熱心でとにかく娘さんを良い大学に入れようと、彼女が幼い頃から学習塾や英語塾など様々な習い事をさせたそうです。

そのおかげもあってか、娘さんは地域の最難関大学へ進学。その後、希望の一流企業に就職ができました。

ところが、そこで問題が発覚したのです。

幼い頃からの勉強漬けのおかげで、彼女は成績優秀なまま小中学校から、高校、大学と進学しましたが、会社では他人とのコミュニケーションがうまく取れず、ミスを連発したのだそうです。わからないことがあっても先輩にわからないと言えなかったり、同期に助けてほしい時に素直になれなかったり、ミスで周りに迷惑をかけても上手に謝れなかったというのです。

就職をして以降、「一流大学を出たのにこんなことも知らないの？」「こんなこともできないの？」と言われることが多かったそうです。

その話の最後に娘さんが言った言葉が衝撃的でした。

「私はこれまで、勉強しか教えてもらってこなかった」

そうなのです。両親は娘さんの学力向上ばかりを願い、勉強以外のことをまったく経験させてこなかったのです。

彼女は両親から、「生き方」を教えてもらえなかったのです。

人間は家の中で育つため、それがしがらみになってしまうし、「前へ倣《なら》え」的な強烈な「慣性の法則」を創り出してしまうこともあります。それが嫌で、家を飛び出す人もいますが、そう簡単に関係が切れないのが家であり、家族なのです。

昔と違い、最近の相談は「家」の相談ではなく、「個」の相談が多いです。昔に比べて家という意識が薄れて、個としての意識が高まっているからでしょう。

個が家の影響を受けるというのは、実に当たり前のことなのですが、今の人たちは自分は個で生きていると思い込んでいるところもあるので、家や家族のことに意識が向かないこともあるのです。

何か問題が起きた時は、家や家族からの影響も見直すようにすると良いでしょう。

レッスン14 風水鑑定でよく聞かれる質問

「パワーストーンって意味があるんですか?」

この質問、本当によく聞かれます。たぶん一番です(笑)。

前述したとおり、私は風水師になる前はパワーストーンのお店も経営していたくらいですからかなりの知識があります。はっきりお答えしましょう。

「パワーストーンには、『石』としての意味はあります」

パワーストーンは石です。石は物質ですから、必ずエネルギーがあります。つまり、パワーストーンもそこら辺に落ちている石も同じというわけです。

ローズクォーツが恋愛運を上げるとか、ブラックオニキスに魔除けの効果があるとか、そういったおまじないのような効果は期待できないでしょう。

期待できるとしたら「色」の効果です。ただし、何色がどんなことに効果があるかというのは、その人その人によって違います（レッスン8でお話ししたとおりです）。ピンク色のものを身につけることが、あなたの恋愛運を上げるとは限りません。黒いものをつける方が恋愛運が上がる人もいるのです。

自分との約束事にパワーストーンを使うというのであれば、それはそれで効果が出るかもしれません。

「この石をつけている時は、仕事に集中するんだ」

「この石をつけている時は、ご飯を少量で我慢するんだ」

これは不思議なおまじないのような効力を期待して、パワーストーンに依存するのとは違います。自分への戒め、誓いとして使うのです。

ただし、これはアクセサリー全般に言えることではあるのですが……。

「部屋の中で注意した方がいいことってありますか？」

はい、生活の中の何気ないものでも風水的に診るとぜひ気をつけてほしいものがあります。

たとえば、水槽です。

縁日で捕ってきた金魚を飼ったり、アクアリウムで熱帯魚を飼ったりと、水槽を家に置いている人も多いのではないでしょうか。

実はこれ、とても注意が必要なことなのです。

水槽には空間のエネルギーを増幅する作用があります。良い気の場所であれば良い気が増幅し、悪い気の場所であれば悪い気が増幅してしまいます。空間のエネルギーが良いものか悪いものかを知らずに水槽を置くのは非常に危険です。基本的には家の中に水槽は置かない方が良いでしょう。

寝室に動物のぬいぐるみや置物を置くのも良くありません。

寝室は陰気のエリアです。人間は陰気の中で身体を休めるのです。

一方、動物やそれをかたどったものは陽の存在となります。陰気の中に陽の存在があると、身体を休めることができないのです。それは家の中についつい増えやすい干支の置物や、生きているペットでも同じことです。

また、ぬいぐるみや人の写真などがあると意識が散漫になってしまうというデータもあります。いつも誰かに見られているという錯覚を起こすためです。エネルギーを充電する場所であるはずの寝室で、無駄にエネルギーを消費することになるので、注意が必要です。

傘などの尖ったものが家の中にあるのも良くありません。無意識のうちに尖ったものを意識して、これもエネルギーの無駄遣いに繋がるからです。

できれば家の外に置くのが良いのですが、それが難しいようなら、しっかりと傘立てに入れるか、下駄箱にしまえるのならその方が良いでしょう。

レッスン15 陰徳を積む

自分の人生を良きものとしたいなら、年を重ねてきた時に、どこかのタイミングで自分のためじゃなく、社会のために働くようにならなくてはなりません。

風水の大事な要素として、最初にすることが自分の命（宿命）を知るということです。その次にするのが、知った命の運にのる、運に合わせるということ。そして、その運を最大限に活かすために風水を整えます。そして、その次にすることが、「陰徳を積む」ことなのです。

陰徳とは、人にアピールするものではなく、人の見ていないところで徳を積むことです。風水では、それによって自分自身の宿命や運が変わっていく、好転すると考えられています。

つまり、自分のためだけに徳を積んでもうまくいかず、周りの人のため社会のために徳を積むことではじめて好転するというわけです。

五〇代、六〇代となっていった時に、陰徳を積むという発想があるかないかで、その人の人生は大きく変わってきます。

自分の人生を少しでも社会に役立てようと考えている人の周りには、自然と人も集まってくるでしょう。しかし、陰徳を積むという発想がなく、自分の人生を自分のためだけに使おうとする人の人生は、どんどん寂しいものになっていくことでしょう。


自分を好転させるために徳を積もうというのは陰徳ではありません。ここが非常に難しいところです。

暮らしに風水を取り込もうと考える人は、誰しも自分の人生を好転させたいと願っているのですから、自分を好転させることと、徳を積むことを切り離して考えることはできないでしょう。

はじめは、それでも良いと思います。

自分を好転させることを願って、まずは徳を積むことをはじめてみる。それを繰り返すうち、いつしかそれをしないと気持ち悪くなり、それをすることが当たり前になっていくのではないでしょうか。その時はじめて、陰徳を積むことができるのです。

小さな例で説明しましょう。

ある人が、自分の人生を好転させることを目的に、朝のウォーキングの時に目についたゴミを拾うようにしました。毎朝それを続けていると、その人は、ウォーキングの時以外でも落ちているゴミが気になるようになってきたのです。気がつけば、その人は自然にゴミ拾いをすることが身につき、街をきれいにすることが当たり前になっていったのです。そして、その人の人生は好転していきました。

メジャーリーグで活躍する大谷翔平選手の例もあります。

彼がグラウンドで小さなゴミを拾う姿はマスコミでもよく取り上げられます。彼が最初にこのゴミ拾いをはじめた理由は、運を身につけるためだったと言います。しかし、それを繰り返すうちに、今では自然と身体が動くようになったのです。

学びの難しさを知る

「ここから先、何を補っていくか」

二〇歳の時、この言葉をいただいてから、私は自分に足りないものを補うため、様々なことを学んできました。

今、世の中には、多くの学びの場が広がっています。様々な講座やセミナーが開かれ、ありとあらゆる塾があり、意見交換のできる交流会もあり、多くの書籍も販売されています。

しかし、今、学ぼうとする人たちの多くが、すぐに答えを求めるハウツーに走りがちな気がします。ハウツーでは知識は得られても、知恵は得られません。本当の学びはハウツーではなく、そのものの本質を知ることだと思います。

本質的な問いを持って、それを探究することこそが学びなのです。

私は風水の三千年の歴史に疑問を抱き、「風水とは？」という本質的な部分の解を追い求めてきました。多くのことを学びましたが、まだまだ学ぶことも多く探究心は尽きません。

「風水を勉強するのにおすすめの本はありますか？」

よく尋ねられる問いです。

そんな時、私は「孔子の『論語』や韓非子《かんぴし》、老荘思想などの中国古典を読むと良い」と答えます。

すると、多くの人が「そういうのじゃなくて」と、もっとわかりやすい本、具体的に書かれている本、つまりは風水のハウツー本はないかと言ってくるのです。

私は風水のハウツー本には意味がないと思っています。ハウツーで人を変えることはできないからです。

相談者がきた時、私はその人の人生を見てアドバイスをします。その人がこれまで歩んできた過去を見て、これから歩んでいくであろう未来を見据えているのです。

人生において抱える悩みは人それぞれです。その悩みによって対処法は変わりますし、その人に合わないものやその人ができないアドバイスをしても意味がないのです。逆に無理矢理誰にでもできるようにした上っ面のハウツーを伝えても何の効果もないでしょう。

そんなノウハウは誰も求めていないはずです。

一問一答のハウツー本で学ぶことのすべてが悪いと言っているわけではありません。ハウツー本でも、なぜその答えになるのか、ということに常に疑問を持って読むことで、本質に近づくことはできるのではないでしょうか。

何でもかんでも鵜呑みにするのではなく、「そうなのかな?」「どうしてかな?」という視点で疑問を持って読むことで本質に近づくことができるはずです。

何かの本質を学ぶというのはとても難しいことです。学びの形も一つではないでしょう。しかし、学ぶ難しさを知って、学ぶ形を探していくことも大きな学びに繋がるはずです。

風水の勉強がしたいという人には、「医学の勉強がしたいから医者を目指す」というのと同じくらいの覚悟があるのなら、本ではなく、誰か良い師匠につくことをおすすめします。

十二支

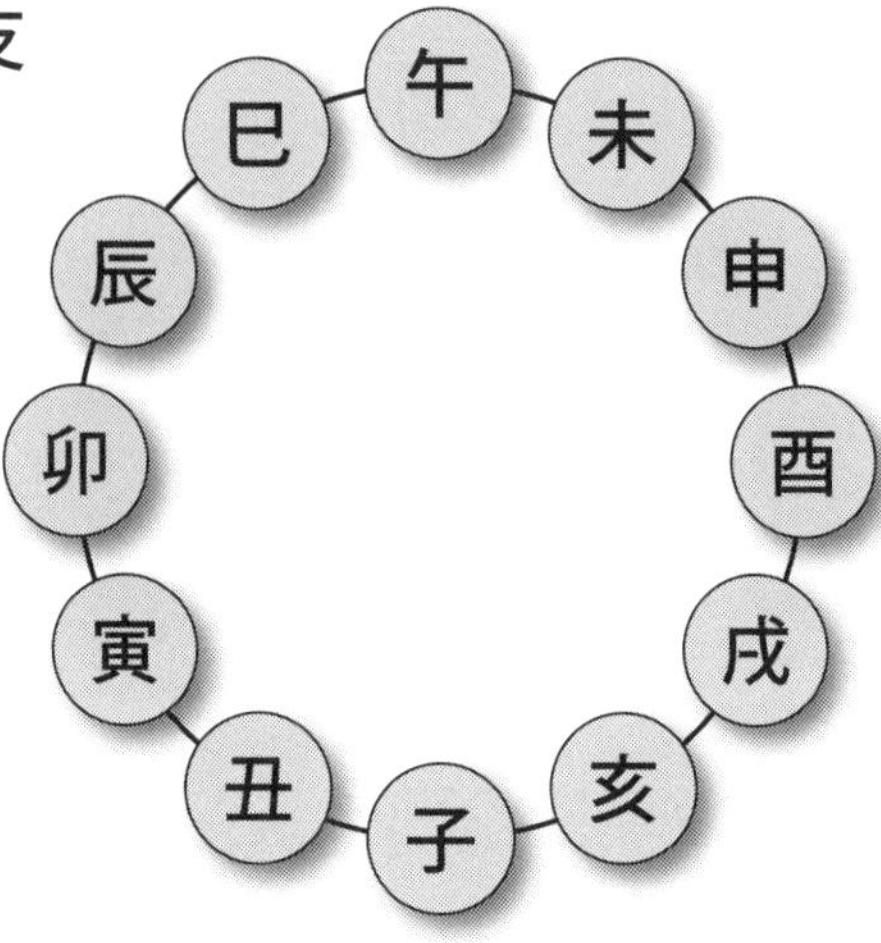

レッスン17
「凶」の日を意識する

「凶の日はどのようにして
過ごせばいいのですか？」

この質問、パワーストーンの次に多い質問かもしれません（笑）。

でも、とても的を射た良い質問なのでじっくりお話ししましょう。

五術において、個人の「凶」の日（良くないことが起こりやすい日）は、六日に一度やってきます。上の図のような十二支の環で自分の干支と、その反対側にくる十二支の日は、その人にとっての凶日となります。たとえば、午年生まれの人は、午の日と子の日が良くないことの起こりやすい日ということになります。

これに、月破大耗《げっぱたいもう》の日が重なるとさらに良くないことが起こりやすくなります。

月破大耗とは、「月が破れる」ということから、契約や約束、新しいことなど、何かとうまくいかない日のことです。また、事故が多発する日でもあります。最近のニュースを見ていれば、月破の日の事故件数はそうでない日の倍近くになっています。

月破大耗の日は、極力外出は避けた方が良いでしょう。

凶日は、そもそもその人の判断能力を下げてしまいます。そのため、普段の自分では考えられないような判断や行動をしてしまうのです。その誤った判断が、事故や事件を起こしているのです。月破の日に殺人事件を犯した人も、この日でなければ人を殺そうなどと思わなかったかもしれません。

また、月破の日は、自分だけでなく周りも注意力が散漫になっています。だからこそ注意が必要なのです。月破とはそのような日だということを知っておくことが大事です。

一方で、月破大耗の日は、断捨離や建物の解体など何かを捨てたり壊したりするには吉日とされています。

人との縁を切ったり、会社を解散したりするのなら月破の日にすると良いでしょう。

これを利用することで、恋愛関係を清算したり、競合相手に勝ったりということがスムーズに行えることも考えられます。

二〇二二年二月、ロシアがウクライナに侵攻した日もまた月破大耗の日でした。

昔から五術や風水は国や政治を動かすためにも使われてきました。その事実があるからこそ、風水は三千年以上もの間続いてきたのです。

なお、本書の巻末に二〇二三年一一月から二〇二六年一二月までの「月破大耗」の日を紹介しています。

吉日の過ごし方

吉日の過ごし方を少し変えるだけで運気が上がる。そんなことを思っている人もいるかもしれません。しかし、それは吉日というものの捉え方を間違えているのです。

吉凶歴『通書』にはあらゆる吉日が記されています。しかし、吉日の過ごし方で、そこに書かれている「吉」をより大きくしたり、加速させたりすることはありません。

お香を焚くのに良い「吉日」があるからといって、その日にお香を焚けば、その人の運が上がるというわけではありません。

旅行に良い日も同じです。その日に旅行に行ったからといって運が上がるわけではないのです。あくまでも用事が主体。この場合、トラブルなく旅行ができるというだけです。

たとえば、その昔、お香を焚くのは火事などの事故に繋がりやすく危険でした。吉日は、火事などの事故に繋がりにくい日なのです。

吉日・凶日の目的は、その日その日の行いをスムーズに済ませることです。「契約に良い日」だからと株を買っても、用事主体ということは、トラブルなく株を買えるということでしかありません。

風水の基本スタンスは、趨吉避凶です。凶を避けることが吉を選ぶ最善の方法なのです。

自分の持っている潜在的な吉を信用してください。潜在的な吉に蓋をしているのは凶が蓋をしているだけですので、凶の蓋を外すだけで、吉を取りに行かなくても勝手に吉になっていくのです。

レッスン18 風水鑑定でよく聞かれる質問

仕事に対する風水の影響

風水では仕事の成果を上げることもできます。一番わかりやすいところでは売り上げを上げるということもできますし、飲食店では客の入りを増やすこともできます。仕事の効率を上げることもできますし、依頼が多いところでは求人がうまくいくというものもあります。

先日も求人がうまくいった例がありました。

その会社は社員が五人の小さな会社でしたが、時間をかけて育てた二人の社員が辞めてしまったのです。そこで風水の施術を行い、募集をかけたところ、経験者が二名と未経験者の新人一名の採用が決まったのです。

この時、私が行った施術は、神棚の向きを変えるというものでした。

そもそも、風水では神棚をよく使います。宗教儀式というのは人間が文明を築きはじめた頃からこの世に存在したもので、日本人で言えば神棚や仏壇、西洋人なら十字架などに

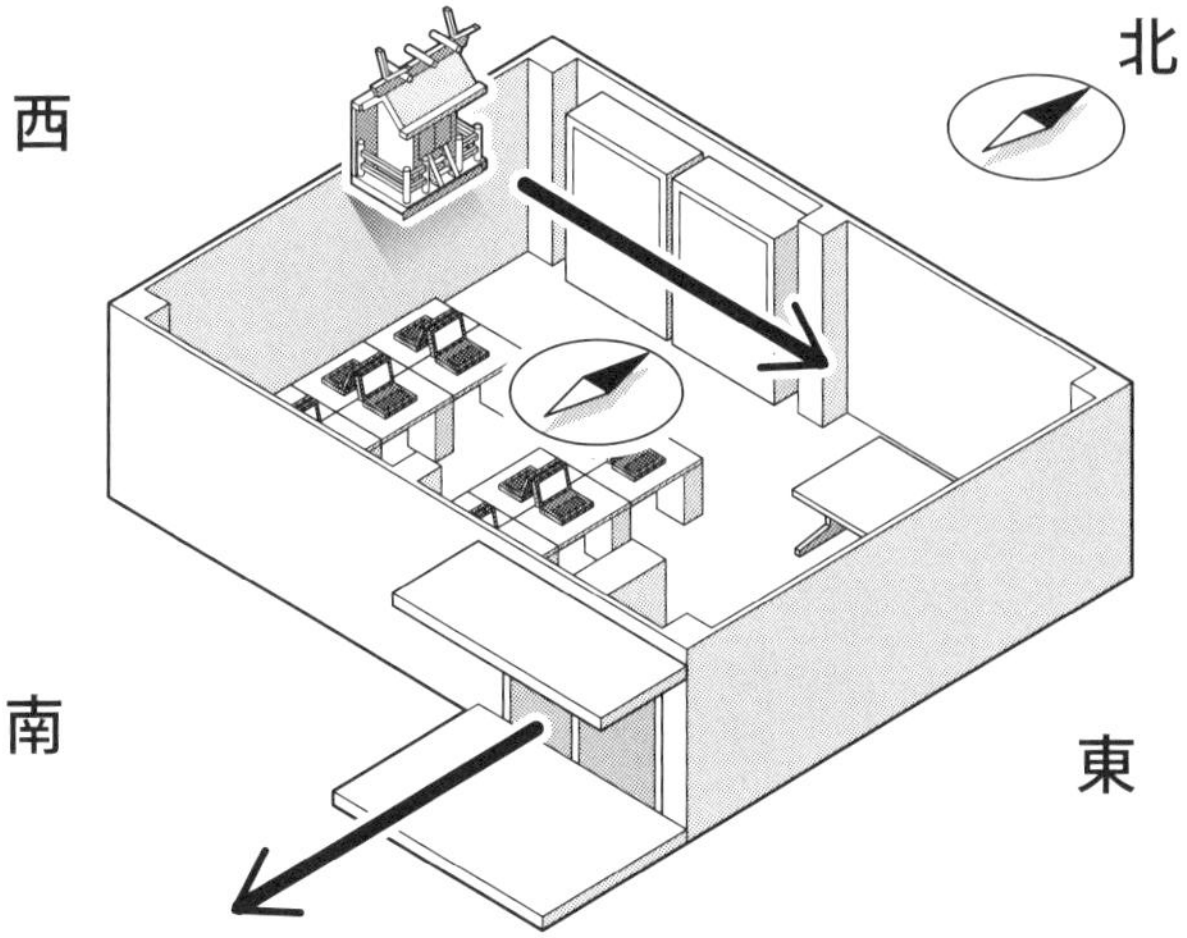

人間の意識が自然と向くようになっています。DNAレベルでインプットされていると言っても良いでしょう。そのため、人間の意識を上手に使うために神棚を利用するのです。

風水で見ると、その会社は建物の向きが良くありませんでした。しかし、建物自体の向きを変えることはできません。そのため、神棚の向きだけを良い方向に変えたのです。

わかりやすくたとえると、その会社は建物の南が正面だったとします。しかし、その土地では南向きが良くない。そこで、神棚の向きだけその土地で良い方向である東向きにしてお祀りするという具合です。

そうしてお祀りした神棚に毎日、蝋燭を立てて手を合わせていると、建物自体に神棚の向きが正面だと錯覚させることができるのです。それによって、方位からの吉を取り寄せるというわけです。

ただし、この技法が使えるのは入口が一つしかない建物だけです。二世帯住宅で玄関の向きが違ったり、タワーマンションのように複数階に入口があって、その向きが違ったりするような建物には施術することができません。

神棚を使う以外の方法では、水槽を置いたり、ある方角の窓を閉め切ったりすることで、吉を集め、凶を減らす施術をします。

風水で伸びる人・伸びない人

風水を含む五術がビジネスにも効果的だということは、アジアの地域が証明してくれています。アジアで経済的に発展している香港、台湾、シンガポールは五術の本場であり、正しい知識を持っている人が多いのです。

五術を正しく使えば、経済が発展していくという何よりの証拠ではないでしょうか。

私はビジネス顧問を務めている会社には、段階的に施術をするようにしています。最初は土台の基礎を知ってもらうところからはじめます。次に風水の鑑定を行い、そして、継続的に土台を知ってもらいながら施術をしていくというスタンスをとっています。実際に施術する内容としては、会社内のレイアウトの調査や変更、社長の自宅の間取りの使い方のアドバイス、中でも重要視するのは、社長の寝る場所と、会社の顔となる玄関の場所です。

それ以外にも、方位術を使って、

「この日のこの時間にこっちへ向かって、何時間くらい時間を潰して帰ってきてください」

「こっちの方角へ行って、そこでアポ取りの電話をしてください」

というような指示を出したり、社長に定期的に風水的パワースポットへ行って過ごしてきてもらったり、様々な施術をしていきます。

場合によっては、会社が危機的状況にあり、段階的な施術が難しい場合もあります。そういう時は土台部分を抜かして施術をすることもあります。

本来、風水はじっくりやるべきものですが、背に腹は代えられません。風水は施術をしっかりとやれば、突貫工事でもある程度の効果は出るものです。しかし、土台である本質的な部分を変えているわけではないので、すぐに停滞してしまいます。

そんな時、しっかりと這い上がれる経営者と再び落ちていく経営者ははっきりと分かれてしまうのです。

そこからでも本質的なことを学び直し、経営に活かしていく経営者はさらに伸びていきますが、一度、経営状態が持ち直したことで安心し、そのまま何もしないような経営者は落ちていってしまいます。

また、何かを助言した時に、できない理由を探す人も伸びません。

「この入口ではなく、こっちの入口を使ってください」

という指示を出した時に、「荷物の搬入があるから」とか「ドアが開きにくいから」とか、とにかくできない理由、やらなくて良い理由を探すような人は伸びません。

一見難しいような指示でも、どうしたらこの入口を使えるようになるかとあれこれ考えるような人は伸びていきます。

吉凶の振り子の支点を上げる

何をお客様のためだと考えるかによって、お客様への対応は変わるでしょう。

結果を出すだけと考えれば、土台を抜かして行動レベルでアドバイスをすれば良いのです。それでも、成果は出ます。

しかし私は、お客様にも風水をちゃんと学んだ上で使ってほしいと思っています。

行動の指示を出した時、なぜそれが必要なのか理解しているのと理解していないのとでは、その行動への向き合い方も変わってきます。理解していれば、納得した上で行動に移ってくれるでしょう。

行動の理由を理解できていない人は、切羽詰まっている時は、指示したことを忠実にやってくれますが、売り上げが上がったりして、落ち着いてしまうとやらなくなってしまう人が多いのです。

吉と凶は同じ振り子の両端です。

行動レベルでアドバイスをすることは、振り子の支点の高さをそのままに吉の振り幅を大きくしているだけです。そこで振り子のおもりを落とせば、大きな凶がやってきます。風水を学ぶということは、吉凶の振り子の支点を上げるということです。支点が上がれば、吉凶の振り幅は同じでも、その衝撃は小さなものとなります。

私はお客様には風水を学んでいただき、吉凶の振り子の支点を高くしてほしいと思っています。風水だけでなく、日本の伝統文化や四書五経と言われる中国の古典に書かれている哲学的なことや生き方など、振り子の支点を上げるためには何が必要なのか、それを伝えるお手伝いができればと思っています。

風水は突出を求めない

私は仕事柄、多くの経営者と接しています。

経営者には大きく分けて二つのタイプがいると思っています。とにかくじっとしていられず、行動に行動を重ねて会社を大きくしていく多動タイプの人と一つのことをとことん深掘りしていくことで会社を成長させるじっくりタイプの人です。

人間は気がつけば自分が得意な方や動きやすい方に行こう行こうとします。それをしていると、その人はある一方向にだけ突出した人間になってしまいます。

多動タイプの人は次々とやることを増やし、じっくりタイプの人はどんどん内にこもってしまうのです。

風水は突出することを求めていません。バランスを重視しています。

四柱推命でその人の性質を診て、会話をすることでその人の傾向を見て、バランスを良くすることを提案するのです。

無意識のうちに多動になってしまうタイプの人には、じっくり慎重に動くように助言し、無意識のうちに考えすぎて動けないタイプの人には、もっと積極的に動くように助言するのです。

これまで手を広げすぎたことで失敗していた多動タイプの人は慎重に範囲を狭めた中でもじっとしていられないため、一つのことを深掘りするようになります。

これまで動けずにいたことでチャンスを逃してきたじっくりタイプの人は、新たな場所でも深掘りをするようになります。

その後はどちらもバランスの取れた経営ができるようになり、会社も成長していくはずです。

レッスン19 風水で「できないこと」を知る

よくある相談の中には、風水の鑑定・施術で好転させることが難しいこともあります。

それは、他人を動かそうとするものです。

中でも、同居していない人に風水の影響を与えるのは無理と言っても良いでしょう。

「離れて暮らしている息子夫婦の仲が悪いから、なんとかしてほしい」

そんな時は、どこまで風水の施術が可能なのかを確認します。

そもそも息子さんは風水に前向きなのでしょうか。前向きでなかったとしても、言われたとおりに動いてくれるのでしょうか。つまり、離れた場所にある息子さんの家に風水を施すことが可能なのかを尋ねるわけです。

いくらご両親が、私からのアドバイスを息子夫婦に伝えても、本人たちがそれを実施しないのであれば、何もしていないのと同じです。

ご両親が訪ねていって風水を取り入れるとか、家を建て替えて一緒に暮らすとか、そういったことができるのだとしたら、好転する可能性は高いでしょう。

逆に言えば、本人たちがどれだけ風水を疑っていようと、アドバイスしたことを受け入れてくれるのであれば、その効果に期待はできます。

風水はあくまでも自然の摂理なので、その人が信じていようが信じてなかろうが、影響は出るのです。疑っていたって全然構いません。

お墓の風水

前の項で同居していない人に風水の影響を与えるのは無理と言っても良いと書きました。しかし、それが自分の家族である場合には、実は奥の手とも言える方法があるのです。

それは、先祖代々のお墓の風水を作り替えることです。

お墓の風水を変えると、子孫に影響が出るとされているのです。

水は循環しています。小さな水が集まって流れを作り、川となって海へ流れ、空に上って雨となって大地に降り注ぎます。

先祖はその身体の水分を「水」として、循環の中に還っていった存在なのです。

これは、先祖の「水」の出所を正しく綺麗にしてあげることで、その人に与える雨であり、川の影響を変えることができるという考え方です。

お墓の風水であれば、離れて暮らしていたり、風水の処置をすることができなかったりしても、家族に影響を与えることができるのです。

ただし、現実的に言って、お墓を大きく動かすというのは思っているより大変なことです。家族だけでなく、一族の問題だからです。

もし、一族と相談して、反対がなければやってみる価値は十分あるでしょう。

風水では解決できないこともある

風水師の私のもとには、時折、

「それって風水じゃないですよね？」

と言いたくなるような相談が寄せられることがあります。

過去には「悪霊に悩まされているからどうにかしてほしい」という依頼をされたこともあります。もちろん、丁重にお断りしました。霊的な現象は風水ではどうにもできません。

家の間取りの相談を受けている時に、「北枕」を気にされる方もいます。これも本来の風水とは違うものです。風水の歴史は長いので、大昔の間違った風水が今に残ったという可能性は否定しきれませんので、現代の風水ではないというのが無難かもしれません。

また、「鬼門」についての相談もよく受けますが、これも風水ではありません。北東が表鬼門で、南西が裏鬼門。鬼門に水周りを持ってきてはいけないとか、欠けを作ってはいけないなど、鬼門にまつわる決まり事も多くありますが、私は鬼門の存在自体を否定しています。

神棚についても相談を受けます。神棚は風水でも大切にしているものですが、東向きに配置しなければならないというような考え方は神道のものです。風水では、どちらに向けるといった決まりはありません。その家にあった場所で、自分の目線より高く、できるだけ清潔でひらけた場所に配置するくらいです。

他にも宗教的な相談などは多くありますが、風水を含む五術は宗教ではないので、そのほとんどにお答えすることはできません。

レッスン20 風水的に「良い夫婦」を知る

男と女は陰と陽です。

お互いに与え合って、正常にエネルギーが循環することが大切なのです。

それを踏まえると、風水的な良い夫婦というのは、相手の嫌な場所を受け入れられる夫婦と言えるかもしれません。

しかし、結婚というのは、相手の良いところを探してするものです。それがそもそもの間違いなのです。離婚を経験した私も、その後、お互いの良いところも悪いところも受け入れられる素晴しい相手と出会い、良好な家庭を築いています。

最近、結婚に関する相談をよく受けるようになりました。

「この人と結婚してもいいでしょうか」

そう聞かれた時、私は次のように答えます。

「相手の嫌な部分をすべて知っても、それでも一緒にいたいと思うのなら結婚したらいい。嫌だと思うのなら、止めておいた方がいい」

相手の嫌な部分をすべて知っても、それを上回って「好きだ」「一緒にいたい」と思えるのであれば、良い夫婦になれるでしょう。

結婚後、もし「別れたいな」「続けていけないな」と思った時にも、相手の欠点をもう一度見つめ直して、それを受け入れられるのであれば、結婚生活を続けていけるでしょう。

夫婦は陰陽であって、互いに補い合わなければいけないにもかかわらず、多くの人が、「自分はこれをやっているのに、相手はやってくれない」というような不満を口にします。相手にそれをしてほしいがために自分がやっているのだとしたら、それは補い合う形にもなっていないので、止めた方が良いでしょう。

最近は、男性が与えることが得意なことを、自分で手に入れられる女性が増えてきました。これも未婚率、離婚率上昇の一つの原因と言えるでしょう。

おわりに

最後まで本書をお読みいただきありがとうございます。
最後の最後に、とても大切なことをお話ししたいと思います。

私は毎日、色々な年代の方から相談を受けます。
その中でも「若い方からの相談」を受ける時、私は時に口うるさく、時に厳しく、何度も何度も丁寧に五術にもとづいた生き方のアドバイスをします。それはもう、その相談者の父親かのように言い聞かせます（笑）。

私がなぜ、そこまでするのか？　それは私が「人生の格差」というものを知っているからです。

私のもとには実に多くの相談者がきます。大きな会社の経営者の顧問も務めていますし、夜逃げ寸前の経営者が助けを求めにくることもあります。彼らは皆、若い相談者の「未来の姿」だからなのです。

以前、六〇代で定年間近の女性が相談にきました。

彼女は転職をしたばかりでした。前に勤めていた会社で思うようなポストに就けず、誘われるままに新しい会社に移ったそうです。しかし、その会社で彼女を待っていたのは、自分がやりたいこととはまったく違う業務だったと言うのです。

自分に合った新たな転職先を見つけたいという彼女に対し、私は言いました。

「現実を見ましょう」

今の状況を作っている原因は、すべて自分にあります。思っていた仕事ができないというのは、今までの仕事の仕方が間違っていたということです。そう伝えると、彼女はひどく落ち込んだ様子でした。ここからもう一度自分自身を高めていくのか、定年間近という年齢を考え諦めてしまうのか、彼女の人生の大きな分岐点です。

「もう一度人生を高めていくのなら、今の仕事に文句を言うのではなく、それを受け入れて高めていくようにしないと、あなたの人生は良くなっていきませんよ」

私はそう伝えましたが、その後、彼女がどちらの道を選んだのかはわかりません。

一方で、七〇歳を過ぎても多くの人に頼られて仕事を続けている男性もいます。

とある機械を売り歩いていたサラリーマン時代、彼は常にお客様目線で仕事をしていました。お客様が求める機械が自社にない時は、他社の製品からそれを見つけ出し、お客様にすすめるほどだったと言います。そんな仕事の仕方だったため、彼を頼るお客様が日本中にいたのです。

六〇歳で定年を迎えた後、会社に請われ一年間だけ顧問として働いた後、彼は仕事を辞めました。ところが、全国にはまだまだ彼を頼る人たちがいたのです。「そんなに困っている人がいるのなら」と、彼は定年退職した後も人助けのつもりで多くの人たちの仕事を手伝いました。すると、売り上げが余りにも大きくなりすぎたため、銀行に言われるまま起業することになったのです。

彼の会社は今では全国に取引先のある大きな企業となりました。求められることに答え続けてきたことで、彼の人生は自ずと好転していったのです。

このように、私は人生をうまく生きてきた人とそうでない人の差の大きさを良く知っています。

生涯をかけてできた差は大きく、決して、一朝一夕には埋めることはできません。それを知っているからこそ、相談者の話を聞いた時、私はとても歯がゆい思いがするのです。その人がずっと気づかずに失ってしまった二〇年、三〇年を思い、とてももどかしくなるのです。その人がこれまでの人生でもう少しこうしていたら、こんな風に生きていたら、きっとこうなっていたはずだ。そんなことがわかるからこそ、若い世代の相談者のこれからの人生を思い、つい口うるさくなってしまうのです。

ある程度、年齢を重ねてきた人が生き方を変えるのは簡単ではありません。それでも、私を頼ってきてくれた人には少しでも良い人生を歩んでほしい。そんな思いで、私は五術を使い、彼らをサポートしています。

最後の最後に、「風水と日常生活」のお話をします。

普段の生活で、風水を必要以上に意識しすぎている人はいないでしょうか？　すべての事柄の吉凶を意識しすぎるあまり、息苦しい生活を送っていませんか？

そんな風水に縛られた生き方は間違っています。

風水師の私でさえ、そんな生き方をする人が増えることは嬉しくありません。

私だって、普段は月破大耗の日の外出を避ける以外は、自由に生きています。

本来、風水に関する事柄は「無意識にふるまえる」ようになれば十分だと思います。

神社を参拝する時、鳥居の前で無意識にお辞儀をするくらいに、風水を生活の中に取り入れられるのがベストです。


とはいえ、そんなふうになるまでには時間がかかると思います。

そのために、私はYouTubeチャンネルをやっています。これを見ていただけば、私が持っている風水の知識を簡単に取り入れることができます。

時間のある時に自分の耳に入れてもらい、それを繰り返すことで見た人が本物の風水の考え方を無意識に取り入れるようになってもらいたくて続けています。

この本を出版する二〇二三年の時点で二万人以上の方が登録してくださっています。ありがたいことです。

絶対に無意識に風水を使えるようになるぞ！　そんな風に力を入れる必要はありません。　私のYouTubeチャンネルを楽しみながら、軽い感覚であなたの人生の片隅に風水を取り入れていただければ嬉しく思います。

著者

巻末付録　月破大耗カレンダー

			月破
2023年癸卯年	癸	亥	11月19日、12月1日
	甲	子	12月14日、12月26日
	乙	丑	1月8日、1月20日、2月1日
2024年甲辰年	丙	寅	2月14日、2月26日
	丁	卯	3月10日、3月22日、4月3日
	戊	辰	4月4日、4月16日、4月28日
	己	巳	5月11日、5月23日、6月4日
	庚	午	6月5日、6月17日、6月29日
	辛	未	7月12日、7月24日、8月5日
	壬	申	8月18日、8月30日
	癸	酉	9月12日、9月24日、10月6日
	甲	戌	10月19日、10月31日
	乙	亥	11月13日、11月25日、12月7日
	丙	子	12月8日、12月20日、1月1日
	丁	丑	1月14日、1月26日
2025年乙巳年	戊	寅	2月8日、2月20日、3月4日
	己	卯	3月5日、3月17日、3月29日
	庚	辰	4月11日、4月23日、5月5日
	辛	巳	5月6日、5月18日、5月30日

			月破
2025年乙巳年	壬	午	6月12日、6月24日、7月6日
	癸	未	7月7日、7月19日、7月31日
	甲	申	8月13日、8月25日、9月6日
	乙	酉	9月7日、9月19日、10月1日
	丙	戌	10月14日、10月26日、11月7日
	丁	亥	11月8日、11月20日、12月2日
	戊	子	12月15日、12月27日
	己	丑	1月9日、1月21日、2月2日
2026年丙午年	庚	寅	2月15日、2月27日
	辛	卯	3月12日、3月24日、4月5日
	壬	辰	4月6日、4月18日、4月30日
	癸	巳	5月13日、5月25日、6月6日
	甲	午	6月7日、6月19日、7月1日
	乙	未	7月14日、7月26日、8月7日
	丙	申	8月8日、8月20日、9月1日
	丁	酉	9月14日、9月26日、10月8日
	戊	戌	10月9日、10月21日、11月2日
	己	亥	11月15日、11月27日
	庚	子	12月10日、12月22日、1月3日

企 画 協 力　物語と漫画と
編 集 協 力　龍田 力
ブックデザイン　bookwall
D T P　初雪デザイン
校 閲　三戸 浩美

小林　蔵道（こばやし まさみち）

伝統風水師。
「風水の石羅（いしら）」代表。
京都にて風水鑑定、四柱推命鑑定、そして、風水の智恵を活かして幸せな人生を築く『和風水勉強会』の開催を中心に活動中。テレビやラジオの出演も多数あり。日々、日本中から寄せられる相談に応えている。
実は20代までは「大の占い嫌い」だったが、巷で知られているのとは違う「本物の風水」と出会い、現在は伝統風水師として独立し、本物の風水の情報を発信している。

【伝統風水師チャンネル】
YouTubeで、ゆとりある人生をつくる方法を配信中
https://www.youtube.com/@house7house7/featured

【伝統風水師 小林蔵道 公式SNS】
X（旧 Twitter）
https://twitter.com/house7_2000

インスタグラム
https://www.instagram.com/kmasamichi/

Tikitok
https://www.tiktok.com/@wafengshui.ishira

【伝統風水師のブログ＆開運メルマガ】
https://ishira-fengshui.jp/
伝統風水師が、テレビ等のメディアに惑わされず真実を書きます。真実の伝統風水ブログとしてお楽しみ下さい。また、毎月の吉日と凶日をメルマガにてお知らせします。凶日とニュースを照らし合わせると一目瞭然！　遠方への出張鑑定の情報もお知らせします。

本物の風水の話をしよう。

2023年11月1日　初版第1刷発行

著　者　小林 蔵道　

発　行　合同会社 オールズバーグ
〒107-0062　東京都港区南青山2-2-15
https://allsburg.co.jp/

発　売　株式会社 扶桑社
〒105-8070　東京都港区芝浦 1-1-1　浜松町ビルディング
電話 03-6368-8891（郵便室）
www.fusosha.co.jp

印刷・製本　中央精版印刷 株式会社

ISBN978-4-594-09623-6　C0095　Printed in Japan